中国资产托管行业发展报告

（2014）

中国银行业协会托管业务专业委员会
中国资产托管行业发展报告课题组 编著

中国金融出版社

责任编辑：孔德蕴　张怡姮
责任校对：刘　明
责任印制：程　颖

图书在版编目（CIP）数据

中国资产托管行业发展报告（Zhongguo Zichan Tuoguan Hangye Fazhan Baogao）. 2014/中国银行业协会托管业务专业委员会，中国资产托管行业发展报告课题组编著. —北京：中国金融出版社，2015.7
ISBN 978 - 7 - 5049 - 8024 - 3

Ⅰ. ①中…　Ⅱ. ①中…②中…　Ⅲ. ①商业银行—资产管理—研究报告—中国—2014　Ⅳ. ①F832.33

中国版本图书馆CIP数据核字（2015）第150075号

出版发行　中国金融出版社
社址　北京市丰台区益泽路2号
市场开发部　（010）63266347，63805472，63439533（传真）
网 上 书 店　http://www.chinafph.com
（010）63286832，63365686（传真）
读者服务部　（010）66070833，62568380
邮编　100071
经销　新华书店
印刷　北京市侨友印刷有限公司
装订　平阳装订厂
尺寸　169毫米×239毫米
印张　11
字数　142千
版次　2015年7月第1版
印次　2015年7月第1次印刷
定价　65.00元
ISBN 978 - 7 - 5049 - 8024 - 3/F. 7584

DEVELOPMENT REPORT
of CHINA ASSET CUSTODY INDUSTRY(2014)

2014 中国资产托管行业发展报告

编委会

序　言

对于托管行业来说，2014年是充满了机遇与挑战的一年。在内外部、长短期多重因素的共同作用下，中国经济告别了三十多年的高速发展时期，步入了增速换挡的“新常态”。未来一段时期内，中国经济领域内各行各业都将围绕着新常态的特点和规律进行改革和发展，资产托管行业作为现代金融业的重要组成部分，其发展也将遵循新常态下的经济运行规律，适应新常态下的机遇和挑战。

一是金融领域方面。通过打破金融垄断，激发金融市场活力，刺激实体经济发展。新《基金法》的颁布和监管机构的资管新政打破了各类金融机构资产管理业务的分割局面，银行、信托、保险、证券、基金、期货、私募等各类金融机构全面融入资管领域竞争，资产管理行业进入了竞争、创新、混业经营的大资管时代。民营银行的开业打破了传统银行业的垄断局面，证券业牌照管制逐步放开，民营资本等符合条件的各类市场主体均可设立证券经营机构，金融机构业务相互渗透和竞争。直接融资比例显著提高，金融脱媒趋势削弱了银行业过去的高增长发展态势和垄断地位，金融混业局面逐步形成。

二是在实体经济转型升级方面。通过利率市场化、机构改革、业务创新等，降低融资门槛，让利实体经济。通过培育多层次资本市场，让国有企业通过资本市场完成混合所有制改革，促进产业和技术整合、升级，完善公司治理结构、优化股东价值，满足新兴产业的投融资需求。新常态下的多层次资本市场建设对于改善经济结构、优化资源配置、促进自主创新、降低金融风险方面的作用更加明显，将为资产托管行业提供源源不断的发展源泉和创新动力。

三是民生领域方面。改变主要依靠投资拉动经济增长的方式，转向依靠消费、投资、出口协调拉动，而消费的拉动作用将突出表现在改善民生方面。与改善民生相关的环境治理、公共服务等基础设施项目领域的投资将为资产托管业务带来广阔的市场空间。

四是国际政治经济领域方面。中国在国际政治和经济体系中的地位日益提高，即将成为世界第一大投资国，在吸引外资的同时将加大对外投资力度。人民币国际化推动了人民币跨境投融资业务的蓬勃发展，跨境投资通道进一步拓宽。在基础设施跨境投资方面，围绕“一带一路”战略，丝路基金、金砖国家开发银行和亚洲基础设施投资银行陆续设立，以人民币为载体的基础设施跨境投资方兴未艾。在资本市场跨境投资领域，RQFII、RQFLP、QDLP、QDIE等跨境投资产品创新不断，推进了资本项目自由兑换和人民币国际化。在跨境投资需求的驱动下，托管行业提供服务的对象和范围逐步拓展至全球市场，为不同类型的跨境投资资本提供相应的跨境托管服务产品，推动中国托管行业迈出了全球化发展的重要步伐。

在新常态带来的新机遇下，托管产品将在基金、证券、保险、信托、理财等领域的基础上，朝着多元化方向发展；托管服务将逐步从以资产安全保管、清算交收为核心的基础服务向以基金行政服务、证券借贷服务、现金管理服务、绩效分析与评估服务等高附加值、综合型的增值服务升级；托管业务的职责边界不断扩展，行业迎来新的挑战。

一是合作客户的多样性带来潜在风险。托管银行社会信用程度相对较高，随着各类资产管理机构涌入资管领域，可能产生资管机构借助托管银行实现信用增级的结果，进而给托管银行带来声誉风险，如何在管控风险和提高收益之间寻找到业务发展的平衡点，成为新常态下托管行业需要关注的问题。

二是服务范围的扩大对托管风险管控提出新要求。投资领域由证券市场向实体经济领域延伸，客户对托管服务的需求更趋多元化和差异化。托管银行要借力多层次资本市场大发展实现托管业务的跨越式发展，一方面要大力发展资产证券化托管业务,另一方面要加强对投资于股权等非标业务领域的研究，在这一过程中，把控非标资产的托管业务风险，是实现托管规模和效益双增长的重中之重。

三是互联网金融的发展，为托管行业带来新课题和新挑战。作为多层次资本市场的重要组成部分，互联网金融市场有助于降低小微企业的融资成本、提高融资效率，助推普惠金融，具有广阔的发展前景。但是，互联网金融市场存在信息不对称、资金挪用风险大、经营主体信用风险较高等问题，亟须引入托管机制。互联网金融机构创新速度快、业务处理时效性强、对客户体验重视程度高、数据处理量大、服务成本低廉，这些都是资产托管行业在产品和服务流程设计中需要考虑的。

四是海外投资合规要求日益严格，托管合规经营面临更高标准。美国和欧盟加强了反恐融资和反洗钱领域的监管及合规投资监管，对投资人身份要求进行穿透核查，一旦发现投资行为违反相关规定，将对资产服务链条上的所有相关机构进行处罚。因此，托管银行在从事全球资产托管业务时，对于全球客户的尽职调查和客户身份信息识别要执行比境内业务更高的标准，避免出现合规风险。

2014年是新常态下中国全面深化改革的元年，展望未来，托管行业任重道远。相信，在托管人的共同努力下，中国资产托管行业一定能够积极应对和适应新常态，打造新托管，开创新发展！

中国工商银行行长

2015年6月30日

DEVELOPMENT REPORT
of CHINA ASSET CUSTODY INDUSTRY(2014)

2014 中国资产托管行业发展报告

前　言

《中国资产托管行业发展报告》是中国银行业协会托管专业委员会组织编写、发布和出版的资产托管行业权威年度报告。《中国资产托管行业发展报告（2014）》围绕“新常态、新托管、新机遇”的主题，解读了新常态下经济发展的趋势热点，总结了新常态下资产托管行业发展状况，分析了资产托管行业的创新情况，研究了资产托管行业对应的政策变化，提出了新常态下资产托管行业面临的发展机遇，展望了未来资产托管行业的发展前景，是2014年我国资产托管行业发展成果的全面体现。

《中国资产托管行业发展报告（2014）》结合经济新常态“中高速、优结构、新动力”的特点，全面分析了资产托管行业发展的新常态，展望了资产托管行业发展的光明前景。

一是新常态下资产托管业务在促进经济保持中高速发展方面的战略地位显著提升。在利率市场化和人民币国际化进程提速、多层次资本市场日臻完善的趋势下，经济领域的改革和创新不断加快，“一带一路”战略，丝路基金、金砖国家开发银行、亚洲基础设施投资银行、新三板、大资管、私募基金等一系列改革措施和新生事物不断出现。在一系列改革创新过程中，资产托管行业能够保障各类投资者财富安全，促进资本市场繁荣和跨境资本流动，防控金融市场风险，提高交易及投资效率，提升社会信用水平。经过17年的发展，我国资产托管行业已经成为经济金融体系的重要组成部分。截至2014年末，国内银行业托管资产规模达54.12万亿元，银行业托管机构达到25家，服务范围由传统的资本市场领域向互联网金融以及社会经济生活各个领域渗透，在推动国民经济保持稳定的、中高速发展方面的战略作用愈发重要。

二是新常态下资产托管业务成为促进商业银行经营结构向轻资产转型的重要支柱。利率市场化的推进，导致商业银行的经营环境发生重大变革，单纯依赖贷款增长和利差收入的传统盈利模式难以为继。资产托管业务具有不占用经济资本、收入稳定、成本较低、资金沉淀稳定、业务协同效应显著等特点，是一项“资本节约型”的中间业务，对于拉动商业银行传统业务发展，提升综合服务能力，促进商业银行经营转型和收入结构调整具有极其重要的作用。

三是新常态下资产托管业务对商业银行应对存款理财化趋势并稳定存款具有重要战略意义。在利率市场化背景下，银行存款理财化趋势加快，商业银行存款规模下降,公募基金、券商资管、保险资管、信托计划、银行理财等各类投资理财产品迅速崛起，成为银行存款的替代品。借助“托管”通道，银行存款能够以各种理财产品的形式，通过托管账户重新回流至商业银行。托管业务成为利率市场化环境下商业银行争揽存款的有力产品载体，为商业银行提供了稳定的存款沉淀和中间业务收入来源，部分对冲了利率市场化为商业银行经营带来的冲击，确保了商业银行在新常态背景下的稳健发展。

四是新常态下资产托管服务升级转型，向综合化、平台化方向发展。为适应不同资产管理机构的服务需求，资产托管行业提供的服务逐步从以资产安全保管、清算交收为核心的基础服务向以基金行政服务、现金管理服务、绩效分析与评估服务等高附加值、综合型的增值服务升级。同时，作为连接商业银行内部投资理财、代理推介、项目推荐等业务条线的纽带和对接外部投资、融资双方的桥梁，资产托管行业对内整合项目、资本及渠道等业务资源，优化业务流程和运营效率，将资产托管业务打造成为连接资产端和负债端的业务撮合平台，对外发挥“信息汇聚中心、资源整合中心、产品设计中心”的综合服务优势，整合投资、融资双方的需求，将托管服务从投资链条的后端向投资链条的各个环节渗透，建立互补共生的行业生态系统。

五是新常态下托管服务范围和对象的扩展，成为推动资产托管行业发展的新动力。人民币国际化推动了人民币跨境投融资的蓬勃发展，跨境投资通道进一步拓宽，我国资产托管行业的服务范围正逐渐由单一市场向多市场、由一国范围向全球范围演变，服务对象由传统的境内机构投资者向RQFII、QDLP、QDIE等制度下的跨境投资主体转变，各种以人民币为载体的投资工具带动的托管服务需求，为中国资产托管行业的发展注入新的活力。同时互联网金融行业的迅速崛起，为资产托管行业创造新的服务领域，托管业务延伸到互联网金融以及社会经济生活各个领域，未来资产托管业务将成为连接货币市场、资本市场、实业领域、互联网领域的重要纽带，成为跨市场通用的综合服务服务平台。

回顾2014年，资产托管行业围绕经济新常态的特点，在利率市场化和人民币国际化进程提速、多层次资本市场建设加快、互联网金融迅速崛起的大环境下实现了快速发展。展望未来，托管行业全体同仁将勤勉尽责、同心同德、锐意创新、不断进取，把握经济新常态下的发展机遇，为促进我国资产托管行业的稳健发展继续奋斗！

《中国资产托管行业发展报告（2014）》课题组

目 录

第五章　托管银行业务特点 / 091

第一章　经济新常态与资产托管

第一节　经济新常态的背景与内涵

2014年以来，中国经济发展呈现出“中高速、优结构、新动力”等新常态特征，各行各业围绕着新常态的特点和规律有序发展。资产托管行业作为现代金融业的重要组成部分，其发展必然遵循新常态下的经济运行规律，因此，把握新常态是引领我国资产托管行业发展的一把钥匙。

一、经济新常态的背景

2014年5月习近平总书记在考察河南的行程中，首次提出了中国经济发展“新常态”的概念。同年11月，亚太经合组织工商领导人会议（简称APEC会议）上，习近平总书记系统地阐述了经济新常态的特点、新常态给中国和世界带来的新机遇以及如何适应新常态等。

改革开放30多年来，我国经济一直保持着高速增长的状态，但2012年以来，经济增长速度有所放缓，GDP增长率下降至7%的水平。对此，习近平总书记认为，我国经济增长不可能也不必要保持超高速，他指出：“我国发展仍处于重要战略机遇期，我们要增强信心，从当前我国经济发展的阶段性特征出发，适应新常态，保持战略上的平常心态。从长期看这种‘七上八下’的中高速增长速度将成为我国经济增长速度的新常态。”

二、经济新常态的内涵

经济新常态，是我国经济发展到新阶段所呈现的必然特征。

2014年11月在APEC会议开幕式的演讲中，习近平总书记把我国面临的经济新常态概括为以下三个特点：一是经济从高速增长转变为中高速增长；二是经济结构不断优化升级，第三产业、消费需求逐步成为主体；三是从要素驱动、投资驱动转向创新驱动。

（一）经济增长中高速的新常态

目前，我国GDP总量已位列世界第二，GDP基数扩大后长久保持原有高速增长水平是不现实的。中国经济发展目标已不再是单纯追求高速增长，而是具有更广泛的目标，包括教育、医疗卫生、环境治理等方面的发展。现阶段，人口红利正在消退，资源环境供给趋紧，一国资源要在诸多方面达到合理配置，将经济增长速度下调到中高速增长是必然的。通过保持中高速增长，为调结构、转方式、惠民生留出空间，这种降速换挡的新常态，体现了我国经济转向综合发展的理念。

（二）调结构成为发展战略的新常态

我国现有的产业结构中制造业比重偏高，高耗能、高污染行业偏多，且劳动力密集型产业集中，多处于世界范围产业链低端，核心关键技术缺乏，由此产生高产值、低附加值的矛盾。同时，在我国进入中等收入发展阶段、资源环境供给日益匮乏、人民群众物质文化需求不断提高的环境下，这种矛盾会更加突出。因此，新常态下的调整及优化产业结构势在必行，一方面，产业结构要向高端升级，突出发展服务业；另一方面，产业链要由中低端向高端升级，提高产品附加值。通过淘汰过剩、污染和落后产能，加快发展现代服务业和高科技产业，推动产业结构的成功转型升级，实现我国从工业大国向服务业大国和高科技强国的转变。

（三）创新驱动成为转变经济发展方式的新常态

经济发展的主要动力由要素和投资驱动转向创新驱动，提高科技进步对经济增长的贡献率，这是转变经济发展方式的新常态。通过产业化创新形成新的增长点，既包括前瞻性培育战略性新兴产业，也包括高科技产业化，实现工业化与信息化、绿色化的融合。创新驱动方式本身要从过去的模仿创新，转化为自主创新和引领创新，以及以市场为导向的技术创新和科学创新。在这一常态下，创新要素高度集聚并充满活力，人力资本成为投资的重点，孵化和研发新技术成为创新驱动的重点环节。在经济新常态下，民生领域蕴含重要的市场机遇，人民群众在惠民生工程中分享到改革和发展的成果，焕发出强大的参与动力和支持活力。针对过去需求拉动力长期不足的问题，我国需要改变过去主要依靠投资拉动经济增长的方式，转向依靠消费、投资、出口协调拉动，“三驾马车”均衡发力，尤其重视消费的拉动作用。

我国目前正处于由低收入国家进入中等收入国家的发展阶段，经济形态上必然会产生出一系列与以往阶段不同的新特点。总体来说，我国中高速增长的新常态已经显现，产业结构转型升级有序推进，大众创业、万众创新逐步成为经济增长新引擎，经济新常态下的各行各业正朝着可持续、高质量的方向发展。

第二节　经济新常态下的趋势热点

在经济新常态下，金融领域将呈现一系列发展趋势热点：通过利率市场化改革，规范金融市场环境，完善货币政策传导机制，降低融资门槛和融资成本，使金融机构更好地服务实体经济；通过加快人民币国际化化进程，在吸引外资的同时加大对外投资力度，构建境内外资本市场互联互通的状态，提升中国的大国地位和经济主导地位；通过培育多层次资本市场，满足新兴产业的投融资需求，促进产业和技术整合、升级，推进国有企业通过资本市场完成混合所有制改革，完善公司治理结构、优化股东价值。

一、利率市场化进程不断加快

利率市场化是我国金融体制改革的重要环节，对于规范金融市场环境、完善货币政策传导机制、加快金融创新、促进银行经营机制转变、降低社会融资成本，具有重要意义。在借鉴其他国家经验的基础上，我国利率市场化改革按照党中央、国务院的统一部署稳步推进，其总体思路：在利率品种方面，遵循“先货币市场、债券市场利率市场化，后放开贷款利率，最后完成存款端利率市场化”；在期限方面，遵循“先长期大额，后短期小额”；币种方面，遵循“先外币、后本币”。目前中国债券和同业拆借市场已接近完全的市场化定价，2013年7月人民币贷款利率全面放开后，银行资产端的利率市场化改革也已基本完成。接下来存款保险制度的建立，以及最为关键的存款利率完全放开，被认为是利率市场化改革进程中的“最后一公里”。

在经济新常态下，我国利率市场化进程不断加快。国务院总理李克强在2014年政府工作报告中提出“深化金融体制改革；继续推进利率市场化，扩大金融机构利率自主定价权”。2014年11月21日，中国人民银行实施利率市场化重要措施，在调整人民币贷款和存款基准利率水平的同时，将人民币存款利率浮动区间上限由基准利率的1.1倍扩大至1.2倍。2014年11月30日，中国人民银行发布了《存款保险条例》（征求意见稿），预计存款保险制度将于2015年上半年正式出台，为存款利率市场化保驾护航。

二、人民币国际化逐步提速

新常态下，我国经济下行压力加大、国际形势纷繁复杂，我国必须通过进一步推进中国对外开放进程，才能获得新的发展动力。为了降低对外投资和进一步开放的风险，人民币资本账户先行开放成为必然，人民币国际化也将顺势拓展。过去几年，我国一直努力扩大人民币的国际使用范围，从人民币的境外流通、贸易结算以及投资媒介等多种途径，为人民币国际化打下基础。2014年，人民币国际化推进获得长足进步，我国实现在亚洲、欧洲、美洲的布点，由点到面，逐步建成覆盖全球的人民币清算体系，具体表现在两个突出特点：

一是人民币国际化水平持续提升，离岸市场特别是资本市场融资更趋活跃。截至2014年末，离岸人民币存款约为2.78万亿元，在全球所有货币离岸存款中，人民币的存款比重为1.70%；境外人民币债券市场规模进一步扩大，境外人民币债券余额约为4 816亿元；境外人民币贷款及融资总量有所下降，其中中国香港地区人民币贷款约1 800亿元；境外人民币资金参与境内资本市场的渠道进一步放开，已批准RQFII额度约2 900亿元，沪港通已使用额度约800亿元；在人民币外汇交易方面，2014年第四季度，全球外汇交易量较上一季度上升约20%，人民币外汇交易占全球交易量的份额达到3.18%；在人民币储备资产方面，2014年第四季度，澳大利亚新南威尔士州政府、法国社会保障金先后发行人民币主权债，到2014年末，共有法国、澳大利亚、加拿大等国政府发行了人民币债券，据估计，人民币目前占全球储备的0.1%~0.3%。

二是人民币国际化进入境内外市场深度互动的新常态。人民币不再是以单向流动的方式存在，呈现出境内外互动的双向流动新格局。从2014年10月开始，境内外债券收益率出现持续倒挂现象，即在岸利率低于离岸利率，并延续至年底；汇率双向波动、资金跨境双向流动、离岸在岸利差汇差双向波动已经成为人民币国际化的新常态，各类资产价格将逐渐趋近并双向波动；2014年11月，“沪港通”交易机制正式启动，双向投资额度达到5 500亿元人民币，“深港通”交易机制也将于2015年正式启动；此外，中国内地与香港两地基金互认计划也已有既定时间表，两地监管机构已达成共识，预计将于2015年推出，从而使人民币国际化市场基础进一步增强。

三、多层次资本市场稳步发展

新常态下资本市场对于改善经济结构、优化资源配置、促进自主创新、降低金融风险方面的作用更加明显，具体表现：一是资本市场作为现代金融的重要基础，从资本筹集、公司治理、风险释放、财富增长和信息透明度等方面推动经济持续增长，提升经济增长的质量，促进中国经济和社会财富保持中高速地持续增长；二是资本市场是实体经济发展的助推器，对加快完善现代市场体系、拓宽企业和居民投融资渠道、优化资源配置、促进经济转型升级具有重要意义，资本市场能有效提高金融功能和效率，进而促进经济结构的不断优化升级；三是资本市场为新兴经济业态、新兴产业、新兴商业模式提供了发展土壤，为国有企业改革和中小微企业融资提供了平台，为经济发展持续提供新动力；四是资本市场有助于应对“三期叠加”阶段的各种挑战，通过市场化手段化解经济发展中的风险。可见，建设有广度、有深度，发展规范、市场机制正常发挥的资本市场将在引领经济新常态、应对经济发展挑战中发挥重要作用。

2014年5月，国务院印发《关于进一步促进资本市场健康发展的若干意见》（国发［2014］17号，以下简称新国九条）为新常态下我国资本市场绘制了发展蓝图。2014年是新常态下我国全面深化改革的元年，作为未来一段时间内资本市场改革发展的主要纲领，新国九条明确提出了建立结构合理、功能完善、规范透明、稳健高效、开放包容的多层次资本市场体系的目标。在此背景下，2014年我国资本市场亮点频现，新三板、大资管、混合所有制改革、资产证券化等成为资本市场改革发展的主要看点。

（一）新三板市场快速发展

经过多年发展，我国的多层次资本市场已初步形成，主要组成部分包括场内市场的主板（含中小板）、创业板（二板）和场外市场的全国中小企业股份转让系统（新三板）、区域性股权交易市场等（见图1-1）。

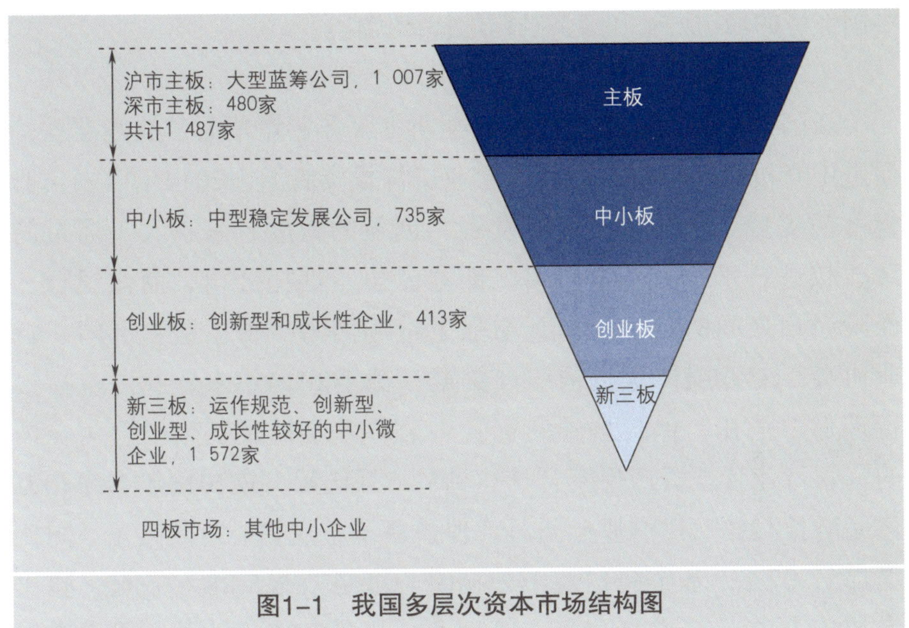

图1-1 我国多层次资本市场结构图

与发达国家成熟市场层次多样、板块有效连通互动的情况相比，我国资本市场呈现“倒三角形”的不合理结构。相比场内市场的迅速发展，场外市场尚处于初创阶段，存在挂牌企业少、融资量少和交易不活跃等问题，在制度建设、发展规模、成长速度等方面较为滞后，这一局面如不改变将制约资本市场服务实体经济的能力。

2013年12月14日，国务院发布《关于全国中小企业股份转让系统有关问题的决定》，明确规定“全国股份转让系统是经国务院批准，依据证券法设立的全国性证券交易场所，主要为创新型、创业型、成长型中小微企业发展服务”，为新三板挂牌公司和市场监管奠定了法律基础。在此背景下，2014年新三板全面扩容，截至2014年末，新三板挂牌数为1 572家，是2013年的4.4倍，引入做市商制度，交易活跃程度显著提高。新三板是中国多层次资本市场发展的一个全新起点，为中国资本市场注入活力，为中小企业提供同台竞技的平台。随着新三板市场的发展，我国必然产生一批优秀的公司，从而推动新常态下中国经济的稳定增长和经济结构的持续优化。

（二）大资管行业发展与机构投资者队伍壮大

新国九条明确提出“提高证券期货服务业竞争力，放宽准入，促进中介机构创新发展，壮大专业机构投资者”。2014年以来，监管部门支持金融行业改革、发展、创新的力度越来越大，通过简政放权进一步打破基金公司、证券公司、信托公司、商业银行、保险公司之间的竞争壁垒，增强了市场活力。根据监管部门、行业协会、专业媒体等机构统计数据，截至2014年末，我国包括银行理财、信托、保险、券商资管、公募基金以及基金子公司在内的资管行业管理资产规模合计达到57.5万亿元，较2013年末约40万亿元增长42%。其中基金公司管理公募基金规模4.54万亿元，同比增加51.07%；基金公司及子公司专户业务规模5.88万亿元，同比增加67.04%；证券公司资产管理业务规模7.95万亿元，同比增加52.88%；银行业金融机构理财产品规模达到15.3万亿元，同比增加46.21%；信托公司管理资产规模13.98万亿元，同比增长28.14%；保险总资产10.16万亿元，同比增长22.57%；期货公司资产管理规模124.82亿元（见图1–2）。

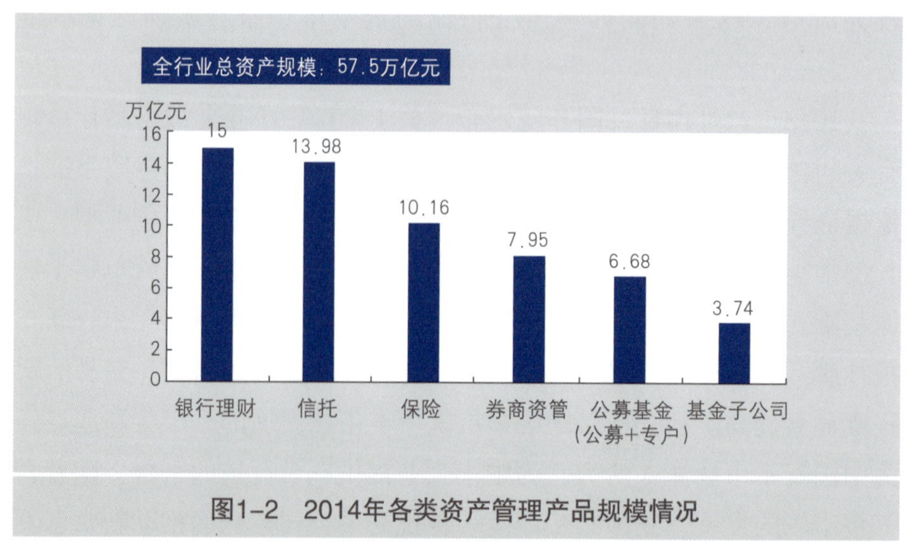

图1–2　2014年各类资产管理产品规模情况

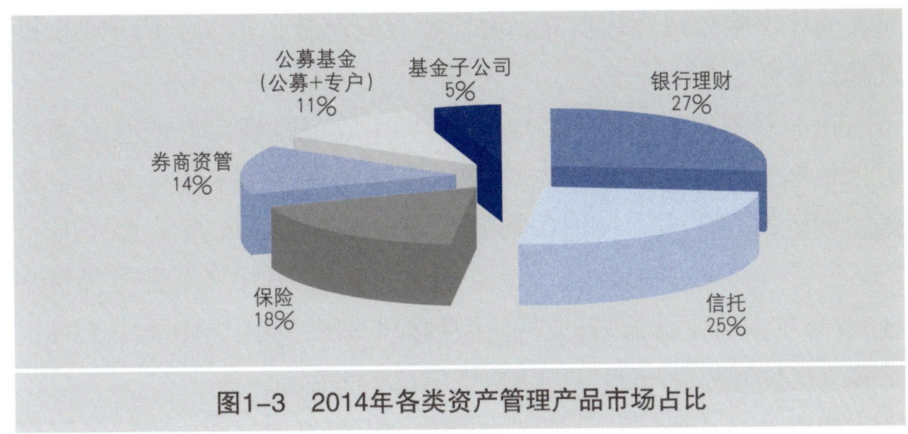

图1-3 2014年各类资产管理产品市场占比

资产管理行业的快速发展不但有助于满足各类经济主体的融资、投资需求，提高资本市场活跃程度，而且有利于改善国内资本市场的投资者结构，壮大机构投资者队伍，抑制投机需求，促进资本市场理性发展。2014年在监管部门放宽业务准入的制度导向下，机构投资者数量显著增加，以公募基金为例，截至2014年末，我国境内共有公募基金管理公司95家，同比增加6家，2014年1月，首只由券商设立的公募基金——东方红混合新动力基金成立，随后海通、招商等7家券商获得公募基金管理资格。基金、券商、保险等各类资产管理机构在公募基金管理领域展开激烈竞争，混业经营程度加剧必将促进行业优胜劣汰，培育优秀的机构投资者，提高资管行业整体素质。

（三）私募基金行业迅猛发展

新国九条提出“培育私募市场、建立健全私募发行制度、发展私募投资基金”，2014年以来，监管部门陆续出台政策法规，促进私募行业发展。《证券投资基金法》确立私募基金行业的合法地位，《私募投资基金监督管理暂行办法》明确私募基金管理机构的经营规范，《私募投资基金管理人登记和基金备案办法（试行）》规定的登记备案制度极大地提高了私募基金管理机构设立和发行私募基金的效率，《国务院关于加快发展现代保险服务业的若干意见》允许保险公司直接设立私募股权投资基金，扩大了私募股权投资基金的资金来源。

在一系列政策利好和2014年下半年股市行情向好的双重刺激下，私募基金行业呈现井喷式发展。据中国证券投资基金业协会数据，截至2014年末，登记备案的私募机构达到4 955家、私募基金7 665只，各类私募基金资产规模2.13万亿元，其中私募证券投资基金3 766只，同比增长178%，认缴规模4 878亿元，同比增长52%；私募股权投资基金2 599只，认缴规模12 745亿元。

相比公募基金，私募证券投资基金机制更加灵活，能够吸引高水平的投研人才，主动管理、追求绝对收益的投资风格有效满足了高净值投资者的需求，是投资者进行资产配置的重要组成部分。倘若以2014年美国对冲基金占GDP的比重超过10%计算，我国2014年GDP突破60万亿元，而私募证券基金行业仅4 878亿元，总规模还相差甚远，未来发展空间广阔。私募股权投资基金通过对未上市企业的投资，为企业提供了新的股权融资渠道，可以降低企业融资成本、提高融资效率并提升企业整体形象。新常态下，政府扶持新兴产业发展的手段将由传统的财政拨款转变为通过创业引导基金、科技创新引导基金对优秀企业投资的方式，可以预见私募基金将在完善扶持创业投资发展的政策体系、促进战略性新兴产业发展、缓解中小企业融资难问题等方面发挥更大作用。

（四）国有企业混合所有制改革启动

2013年11月，党的十八届三中全会通过的《关于全面深化改革若干重大问题的决定》首次提出“混合所有制经济是基本经济制度的重要形式”、“要积极发展混合所有制经济”、“允许更多国有经济和其他所有制经济发展成为混合所有制经济”、“允许混合所有制经济实行企业员工持股”。在此背景下，发展混合所有制经济已成为国企改革的探索主流。2014年国有企业的混合所有制改革成为资本市场的一大看点，从实践情况来看，国有企业采用股权多元化模式（引入外部投资者，使民资参与到国有企业中来）与股权激励机制（向企业内部员工发行股票，使企业人员成为公司股东，具有分享企业利润的权利，从而调动职工工作的积极性、主动性和创造性）两种方式来实施混合所有制改革。2014年国企混改最大的亮点当属中石化油品销售公司改革，同年2月，中石化宣布公司将启动油气销售业务重组，引入民资实行混合所有制。2014年9月，25家机构投资者与中石化签署增资协议，以现金1 070.94亿元认购增资后销售公司29.99%的股权。经监管部门批准，嘉实基金公司设立嘉实元和基金向投资人公开募集资金并投资中石化销售公司股权，成为了首只直投未上市企业股权的公募基金，加快了公募基金创新步伐。国企混改进程加快，有利于实现国有资本保值增值，提高国有企业竞争力，也将促进资本市场上的IPO、并购重组等业务发展，并使更多中小投资者分享国企混改带来的红利。

（五）资产证券化进程加快

2013年8月，国务院常务会议提出，进一步扩大信贷资产证券化试点规模。2014年11月，银监会下发《关于信贷资产证券化备案登记工作流程的通知》，将信贷资产证券化业务由审批制改为业务备案制，多重利好之下，资产证券化产品发行在2014年集中爆发。根据中诚信国际等机构的统计数据，2014年全年银行间市场共发行65单资产证券化产品，发行金额2 770亿元。与2013年发行6单共157亿元、2012年发行5单共192.62亿元相比，产品数量和规模明显飙升。2014年资产证券化产品发行机构和投资机构范围明显扩大，除了此前已有的政策性银行、国有银行和汽车金融公司外，城商行、农商行、金融租赁公司和资产管理公司都加入发行大军，券商、基金和保险等投资者都开始关注和投资资产证券化产品，投资者结构有了明显改善。除了银行体系的信贷资产证券化之外，券商资产证券化业务也取得快速发展，2014年11月证监会印发《证券公司及基金管理公司子公司资产证券化业务管理规定》，对证监会主管资产证券化项目施行备案制，券商资产证券化业务的基础资产并不局限于信贷类资产，种类更加丰富，有助于盘活存量资产，拓宽企业融资渠道、化解金融风险，促进金融机构、资本市场更好地服务实体经济。

（六）互联网金融业务蓬勃发展

党的十八届三中全会提出“发展普惠金融，鼓励金融创新，丰富金融市场层次和产品”，互联网金融具有受众面广、成本低廉、服务便捷等优势，是实现普惠金融的重要方式，同时从广义角度看，互联网金融市场是多层次资本市场的重要组成部分。在我国经济进入新常态，经济增速趋于放缓的新形势下，中小企业融资难问题更加突出，以互联网金融为代表的普惠金融能够降低金融服务门槛，填补金融服务的真空，保证社会各阶层平等享有金融服务的权利，以可负担的成本全方位有效地满足如小微企业等弱势群体的金融需求。2014年互联网金融领域最火爆的新兴行业当属P2P网贷行业。据网贷之家统计，截至2014年末，中国网贷运营平台达1 575家；全年累计成交量2 528亿元，是2013年的2.39倍；网贷行业总体贷款余额1 036亿元，是2013年的3.87倍。为规范行业发展，中国银监会、中国银行业协会采取了明确监管原则、组织托管行业研讨等措施，推动互联网金融市场的健康发展。

第三节　资产托管业务发展的新常态

在内外部和长短期多重因素的共同作用下，中国经济告别1978—2011年年均9.9%增速的高速发展时期，从2012年开始进入7%~7.5%的中高速增长水平时期，标志着中国经济步入增长速度换挡、结构优化调整、创新驱动加强的新常态阶段。新常态下，利率市场化与人民币国际化进程加快、多层次资本市场发展、互联网金融崛起，为资产托管行业带来新的发展机遇，促使资产托管行业呈现出发展新貌。

一、资产托管业务战略地位提升，保障经济中高速增长，助力商业银行经营转型

（一）资产托管业务在保障国家经济安全中发挥重要作用

在利率市场化和人民币国际化进程提速、多层次资本市场日臻完善的趋势下，经济领域的改革和创新不断加快，“一带一路”战略、丝路基金、金砖国家开发银行、亚洲基础设施投资银行、新三板、大资管、私募基金等一系列改革措施和新生事物不断出现。在改革创新的同时保持经济的稳定、中高速增长成为决定我国经济改革成败的关键因素。资产托管机制的引入，能消除市场信息不对称，实现社会资金规范化运作，提升社会信用水平，防范道德风险，提高交易及投资管理效率，保障各类投资者财富安全，促进资本市场繁荣及跨境资本流动，防控金融市场风险，推动国民经济健康发展。

（二）资产托管业务促进商业银行经营结构向轻资产转型

利率市场化的推进，导致直接融资体系迅猛发展和金融脱媒的持续加剧，商业银行的经营环境发生重大变革，单纯依赖存贷款增长和利差收入的传统盈利模式难以为继。面对新的市场竞争格局，商业银行需积极实现战略转型，调整业务增长模式从资本依赖型逐步向低资本消耗型转变，银行利润来源由存贷利差向中间业务收入倾斜。资产托管业务具有不占用经济资本、收入稳定、成本较低、资金沉淀稳定、业务协同效应显著等特点，是一项“资本节约型”的中间业务，对于拉动商业银行传统业务发展，提升综合服务能力，促进商业银行经营转型和收入结构调整具有极其重要的作用。

（三）资产托管业务对商业银行在存款理财化趋势下稳定存款具有重要战略意义

在利率市场化背景下，银行存款规模下降、银行存款的理财化趋势逐渐成为金融领域的一个新常态。2003年以来的十余年间，我国银行负债当中存款占比整体持续下降，从过去最高的84%下降到

2014年的约76%。与此同时，各类投资理财产品迅速崛起，截至2014年末，公募基金、券商资管、保险资管、信托计划、银行理财等规模合计约57.5万亿元，相当于银行存款规模的40%，已成为银行存款的有力竞争者。由于投资理财产品在资产配置、清算周期和交易赎回安排上存在差异，按照监管要求及产品投资运作需求，投资资产需在托管账户中沉淀一定比例的闲置资金，使银行存款能够以各种理财产品的形式，通过托管的通道重新回流至商业银行。与普通存款相比，托管存款多数以活期存款方式存在，资金成本低、资金量大、稳定性较高，因此托管业务成为利率市场化环境下商业银行争揽存款的有力产品载体，为商业银行提供稳定的存款来源，确保商业银行在利率市场化趋势下实现稳健发展。

二、资产托管服务升级转型，向综合化、平台化方向发展

过去资产托管行业的托管对象集中于以公募方式募集资金和投资于证券市场资管产品，2013年以来，这种状态逐渐改变。新《基金法》的颁布和监管机构的资管新政将各类金融机构的资管业务分割局面打破，银行、信托、保险、证券、基金、期货、私募等各类金融机构均全面介入资管领域，使资产管理行业进入竞争、创新、混业经营的大资管时代，资产管理行业的发展呈现出开放、多元、包容、竞争格局。

为适应不同资产管理机构的服务需求，资产托管行业提供的服务逐步从以资产安全保管、清算交收为核心的基础服务向以基金行政、现金管理、绩效分析与评估等高附加值、综合型的增值服务升级。从国外经验来看，国外先进托管银行的增值服务已经成为主要利润来源，与之相比，我国托管银行的增值服务发展还处于初级阶段，我国资产托管行业的综合化服务的发展空间巨大。

作为连接商业银行内部投资理财、代理推介、项目推荐等业务条线的纽带，资产托管部门通过对内建立各业务部门之间的合作

联动机制，充分整合项目、资本及渠道等业务资源，优化业务流程和运营效率，将资产托管业务打造成为连接资产端和负债端的业务撮合平台，为终端客户提供包括从产品设计、资产推荐、销售渠道等一站式的综合金融服务。作为对接外部投资、融资双方的桥梁，资产托管行业可以充分发挥“信息汇聚中心、资源整合中心、产品设计中心”的综合服务优势，整合投资、融资双方的需求，将托管服务从投资链条的后端向投资链条的各个环节渗透，通过当事各方紧密协作，将各方利益与托管业务平台的利益连接形成一个有机整体，建立互补共生的行业生态系统。

三、托管服务范围和对象的扩展，成为推动资产托管行业发展的新动力

新常态下，人民币国际化推动人民币跨境投融资的蓬勃发展，跨境投资通道进一步拓宽。2014年基础设施跨境投资、资本市场跨境投资、境内外资本市场互联互通等均取得突破性进展。在人民币国际化驱动下，我国资产托管行业的服务范围正逐渐由单一市场向多市场、由一国范围向全球范围演变，服务对象由传统的境内机构投资者向RQFII（人民币合格境外机构投资者）、QDLP（合格境内有限合伙人）、QDIE（合格境内投资者境外投资）等制度下的跨境投资主体转变，各种以人民币为载体的投资工具带动的托管服务需求，正在为我国资产托管行业的发展注入新的活力。未来3~5年，将是人民币国际化快速发展的时期，是国内资本向海外投资的加速时期，也是我国资产托管行业向全球化发展的主要时间窗口，将为我国资产托管行业的发展带来重大变革。

新常态下，互联网金融行业的迅速崛起，成为金融领域创新发展的一大热点，P2P网络借贷、股权众筹、互联网理财等业务呈现大众创新、百花齐放的发展状态。在以上互联网金融领域中都存在着资金所有人、使用人与第三方平台角色分离的情况，从而引发

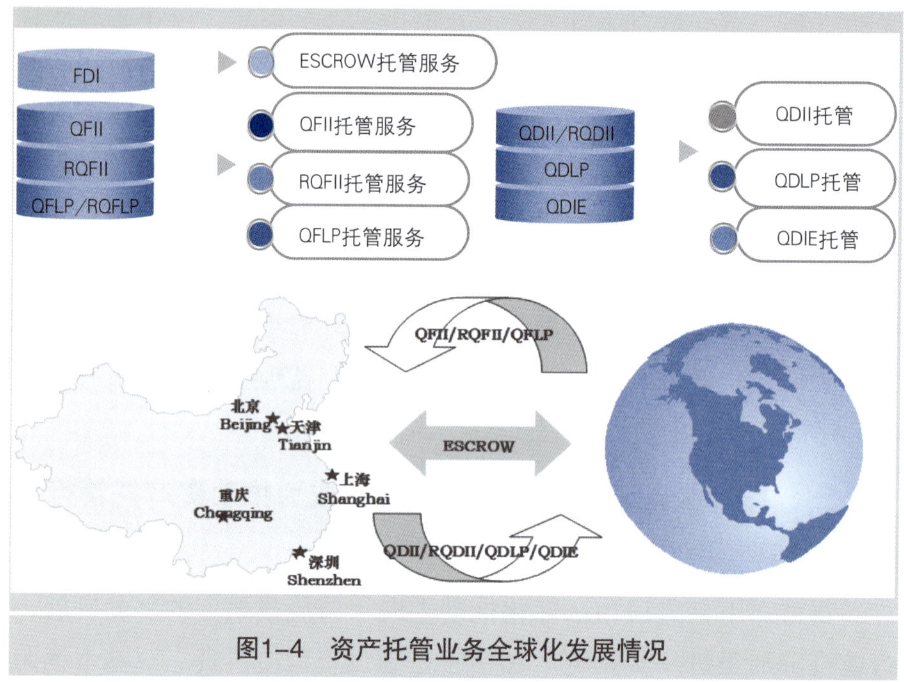

图1–4 资产托管业务全球化发展情况

信息不对称问题，而构建有效的制衡机制、促进信息透明、防范道德风险正是托管制度的价值所在。通过引入第三方托管人、托管账户等对第三方平台及使用人进行监督从而实现客户资金的安全，有利于保障互联网金融业务的平稳发展。可见，互联网金融不断创新的业务形态正在为资产托管行业创造新的服务领域，托管业务正逐步由传统的资本市场领域向互联网金融以及社会经济生活各个领域渗透，未来资产托管业务将成为连接货币市场、资本市场、实业领域、互联网金融领域的重要纽带，成为跨市场通用的综合服务平台。与此同时，互联网金融带来的大数据理念和技术为资产托管行业发展注入新的活力。资产托管机构作为横跨各类金融市场的主体，可以为各类资产管理机构提供金融资产服务，利用掌握的海量数据可以有效拓展托管增值信息服务。

以此为突破口，我国资产托管行业可以形成以客户为中心、以服务为导向的业务拓展模式，为客户提供“一站式”、全方位的金融服务，实现传统托管业务向资产服务业务的转型。

新常态下，我国政府将出台一系列惠民政策，民生领域资金具有规模大、用款周期长、使用范围广、参与机构多等特点，对托管服务需求旺盛，为资产托管行业发展提供了广阔舞台。资产托管行业可以发挥安全保管措施得力、支付清算服务高效、监督用途方法有效、信息披露充分客观等优势，为社会保障、公益慈善、房产建设、教育培训领域资金提供托管服务，协助政府落实惠民政策，延伸托管产品服务范围，加快托管产品与服务创新。

第二章　资产托管市场发展情况

第一节　托管行业发展概况

目前，国内金融脱媒趋势明显，利率市场化步伐加快，人民币汇率波动加大，导致银行净息差受到挤压，汇率风险加大，银行业转型需求迫切。加快发展资产托管等中间业务，已成为商业银行抵御经济金融波动、保持可持续发展的内在选择和必然要求。商业银行对托管业务的重视程度不断提高，自1998年托管第一只封闭式基金到现在，托管业务经过十多年的发展，成绩斐然。业务品种从单一走向多元，服务内容由基础的保管结算服务向增值服务延伸，托管主体也从最初的五大行扩大到中小股份制商业银行、证券公司以及中国证券登记结算有限责任公司。根据中国银行业协会最新统计数据，截至2014年末，国内银行业托管资产规模达到54.12万亿元，托管产品涵盖基金、信托、保险、年金等13个大类，托管费收入达到370.52亿元。托管业务逐步发展成为商业银行的战略性中间业务，对商业银行的综合贡献度不断提升，同时，托管机制对促进资本市场健康发展的积极作用也逐渐得到认可。

2014年托管行业发展情况

（一）托管规模保持快速增长

2012年末全行业托管资产规模22.39万亿元，2013年末达到34.98万亿元，2014年末达到54.12万亿元，托管规模年均增速超过50%。托管行业规模的快速增长与资本市场蓬勃发展高度相关，据统计，截至2014年末，公募基金资产管理规模4.54万亿元，基金管理公司及子公司专户业务规模5.88万亿元，证券公司资产管理规模7.95万亿元，信托资产管理规模13.98万亿元，相对应的资产托管规模分别为4.4万亿元、4.5万亿元、7.98万亿元[①]和8.7万亿元。从数据可看出，不论是证券投资类产品还是非标类资管产品，其资产管理规模都直接或间接影响与之相应的托管产品规模。资本市场表现欠佳的时候，证券投资类托管规模下降；2013—2014年非标资产投资业务盛行时，基金公司子公司、券商、信托参与的通道类产品托管规模上升；2014年货币市场火热，货币市场基金托管规模较2013年呈现大幅增长。

（二）托管行业竞争愈发激烈

托管业务开展早期，托管主体以国有五大行为主，托管产品较为单一，以封闭式基金为主，托管服务内容相对简单，托管业务营销主要依赖银行的渠道销售优势。然而，经历了十多年的发展，国有五大行完全占据托管市场的格局被打破。一方面，市场参与主体更加多样化。截至2014年末，全市场共有38家托管机构[②]，其中27家商业银行、10家证券公司以及中国证券登记结算有限责任公司。另一方面，价格竞争日趋明显。中国银行业协会数据显示，2012年、2013年和2014年全行业托管费收入分别为213亿元、314亿元和370亿元，分别上涨47.65%和17.79%，明显低于托管行业规模56%和54%的增速。托管业务倚重规模效应，随着行业竞争愈发激烈，托管主体为了做大规模而降低费率，从而引发激烈的价格竞争。

（三）互联网金融概念持续发酵

2013年互联网金融异军突起，成为我国金融行业发展的一个重要事件，其中阿里巴巴与天弘基金合作推出的“余额宝”产品尤其引人注目。余额宝打破了商业银行在基金产品销售中一枝独秀的地

① 包含非标类资产管理规模。
② 具有公募证券投资基金托管资格的机构。

位，截至2014年末，余额宝规模达到5 789亿元，天弘基金也一跃成为中国资产管理规模第二大基金公司。中信银行作为余额宝唯一的托管行，其证券投资基金托管规模一年内增加超过10倍，2014年末公募基金托管规模排名市场第三。此外，P2P网贷平台、众筹等新业务模式不断冲击资本市场，也为托管提供了新的机遇。2014年9月，银监会创新监管与协作部提出了P2P监管的“十条思路”，其中一条是“客户资金第三方托管”，托管机制对于促进互联网金融健康发展所起的积极作用逐渐显现。

（四）托管业务紧跟资管行业发展步伐

国内托管业务的发展正在经历资本市场的快速变革：基金行业细分产品资管规模迅猛扩大，券商资管规模增速回落，银行理财产品增速放缓，私募基金总规模过2万亿元，期货公司政策开放增速可期[①]。从2014年全年来看，证券公司、基金公司及子公司资产管理业务呈现出以下特点，一是资产管理规模保持平稳增长，二是机构主动管理能力逐步增强，三是通道业务增长趋缓、资管业务结构得到优化，四是产品类型进一步丰富，五是行业竞争加剧、行业集中度下降[②]。伴随着直接融资市场的改革变化和财富管理市场的飞速发展，托管业务正经历从“安全保管金融资产”向提供“综合性投融资服务”的功能转变，并呈现出多元化发展态势。

（五）资本市场变化推动托管业务创新

资本市场的发展变化持续推动着托管业务在产品、服务、系统上不断推陈出新，创新成为托管业务发展的主旋律。一是资产管理产品不断创新，从简单的公募基金、券商专户、券商大小集合等到现如今的基金公司子公司专项资产管理计划、证券公司专项资产管理（含资产证券化）、保险公司发行公募产品、职业年金

---

① 2014年证券期货经营机构资产管理业务数据统计。

② 证券公司、基金管理公司私募资产管理业务2014年统计年报。

等各类新产品不断涌现。托管与基金、券商资管、信托、保险、理财等各类资产管理产品的结合方式也不断发生变化。伴随着互联网金融的发展，托管依托于银行传统销售渠道的局面正在发生变化。二是随着托管服务范围的不断拓展，增值服务产品成为托管机构的竞争焦点。托管服务突破资产安全保管和交易结算，根据客户实际需求，在会计外包、行政服务、公司行为、综合融资服务等增值服务方面不断创新。三是随着托管业务的技术含量不断提高，作为业务的重要支撑，托管系统也根据资本市场和客户需求不断创新升级。

第二节　商业银行托管业务发展状况

2014年，宁波银行、浙商银行、广州农村商业银行、南京银行、杭州银行、恒丰银行、包商银行7家银行成为中国银行业协会托管专业委员会成员单位。至此，纳入托管行业统计口径的银行数量从18家上升到25家。近三年，我国银行业资产托管规模总体呈现快速增长态势，但增长幅度正逐渐收窄。

一、商业银行资产托管市场规模总量

近三年，随着人们财富管理意识的提高和资产管理行业各种利好政策的出台，托管行业规模一直保持着较高速度增长。银行业资产托管规模从2012年的22.39万亿元增加到2014年的54.12万亿元，年均增速达56.39%。

随着国家经济改革步伐加快，民众新一轮创业潮渐起，股市行情大涨吸引大批投资者进入，资产管理规模的增长直接推动托管规模上升。2014年托管资产规模呈现逐季递增态势，第四季度银行业托管规模增加6.10万亿元，占全年增加额的39.09%，环比增速达到12.71%。

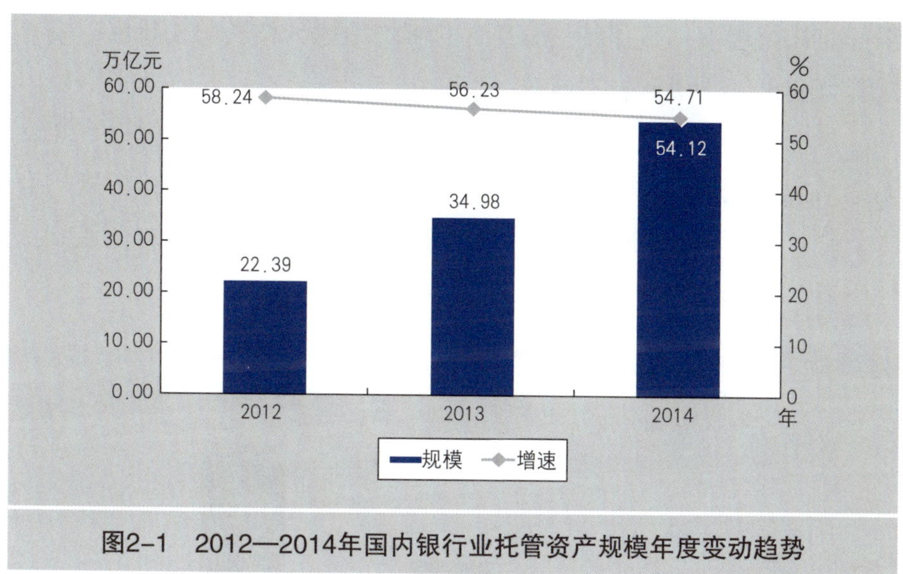

图2-1　2012—2014年国内银行业托管资产规模年度变动趋势

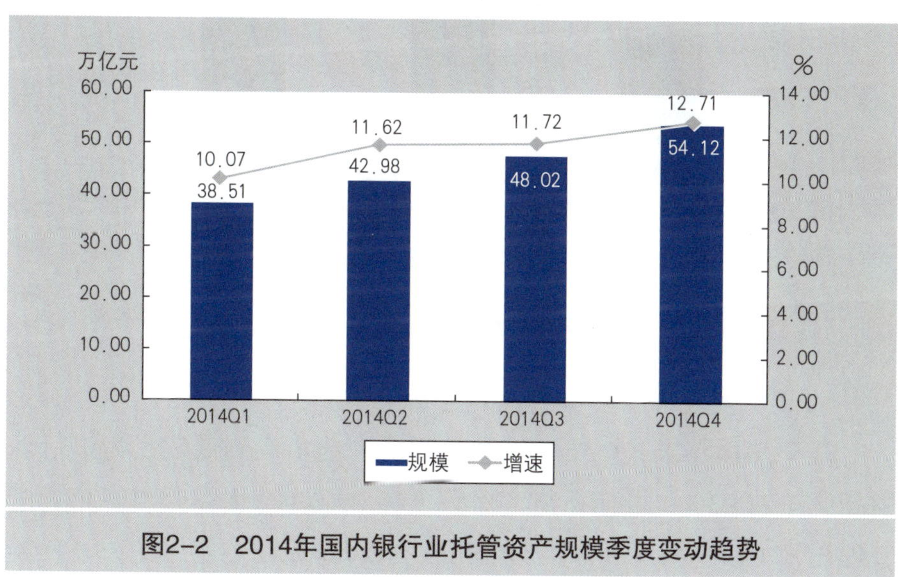

图2-2　2014年国内银行业托管资产规模季度变动趋势

二、银行托管资产规模变化特征

（一）托管资产规模继续保持高速增长

2014年国内银行业托管规模增速为54.71%，虽然略低于2013年56.23%的增速，但远高于国内生产总值增速。2012—2014年，国内银行业托管规模一直保持50%左右的年均增速，增长势头迅猛，资产托管行业正处于快速发展阶段。

虽然2014年的银行业托管规模还保持着高速增长，但近三年，无论从规模变动和规模增量的变动来看，托管规模的增长幅度均有所下降，这与我国经济正处于“三期叠加”、国民经济发展遇到下行压力的宏观环境相契合。

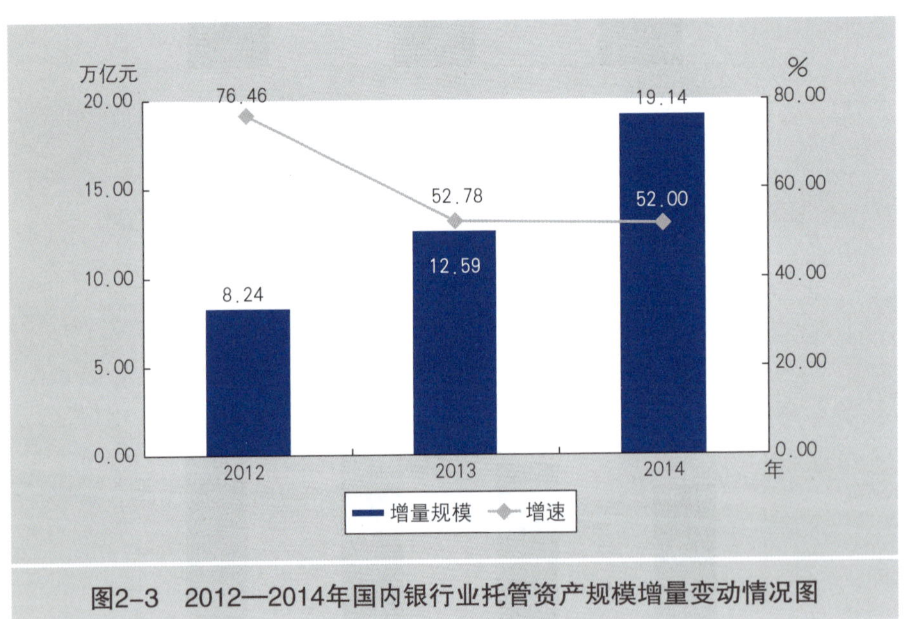

图2-3　2012—2014年国内银行业托管资产规模增量变动情况图

（二）托管产品规模占比发生变化

截至2014年末，主要托管产品规模占比由高到低依次为银行理财托管（22.03%）、信托财产保管（16.09%）、证券公司客户资产管理托管（14.74%）和保险资金托管（12.86%）。

各类托管产品规模占比发生变化，其中占比上升的三类产品为基金公司客户资产管理托管（+5.17%）、证券公司客户资产管理托管（+1.59%）、QFII资产托管（+0.07%）。其余产品占比均有所下降，下降幅度分别为QDII资产托管（–0.11%）、企业年金基金托管（–0.25%）、证券投资基金托管（–0.26%）、股权投资基金托管

（-0.27%）、保险资金托管（-0.76%）、养老金托管（-0.81%）、银行理财托管（-1.21%）、信托财产保管（-1.25%）和其他资产托管（-2.17%）。

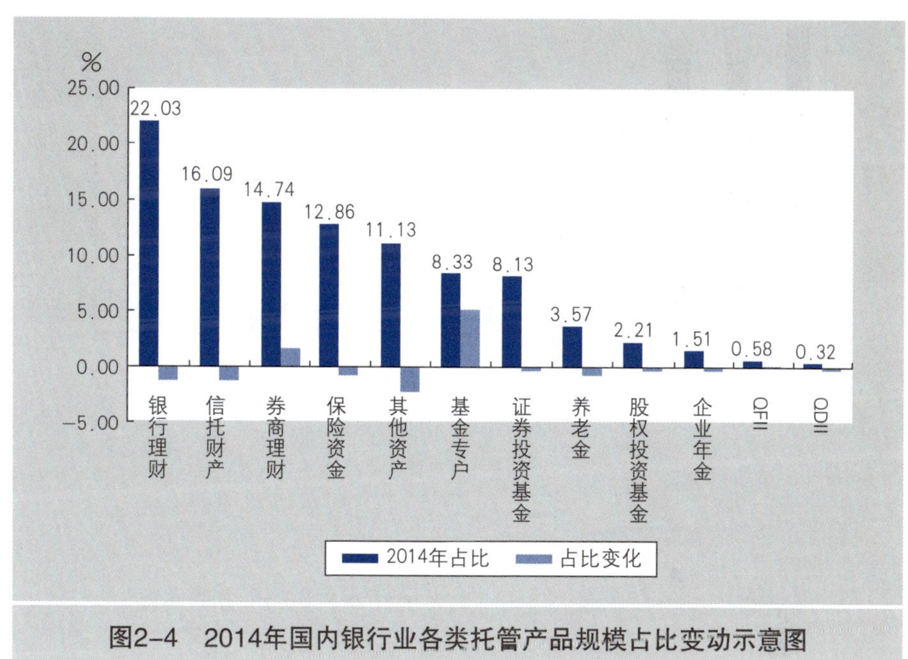

图2-4　2014年国内银行业各类托管产品规模占比变动示意图

2014年，基金公司客户资产管理托管、证券公司客户资产管理托管、QFII托管的规模占比上升与股市新一轮上涨存在一定关系。基金子公司资产管理业务在投资者人数限制、投资限制、审批效率、监管约束方面的灵活性和优势吸引大批投资者；证券公司子公司可以申请公募牌照发行公募产品，券商可以一边对接投资需求，另一边对接融资需求，促使券商类托管规模进一步扩大；跨境类托管规模的扩大，主要得益于三类机构银行间市场投资业务的快速拓展。

（三）各类托管产品规模变动不均衡，增量与增速各不相同

从规模增量来看，2014年，银行理财托管产品规模增量最高（3.79万亿元），其次是基金公司客户资产管理托管（3.40万亿元）、证券公司客户资产管理托管（3.38万亿元）、信托财产保管

（2.64万亿元）和保险资金托管（2.20万亿元）。

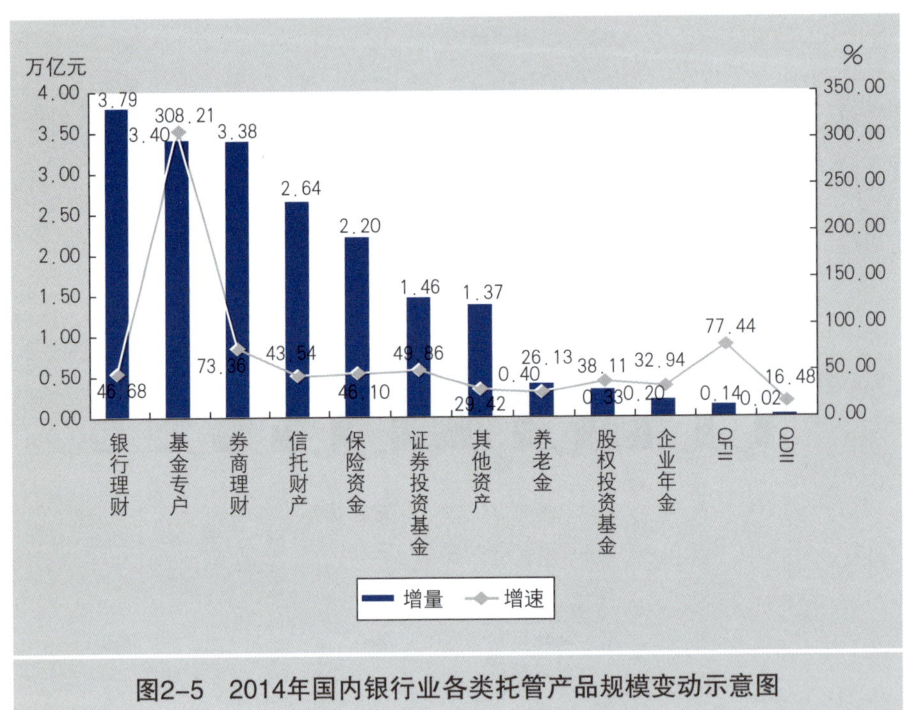

图2-5 2014年国内银行业各类托管产品规模变动示意图

从规模增速来看，基金公司客户资产管理托管在2014年增长势头最为迅猛，增速达到308.21%，其他托管产品同比增速由高到低依次为：QFII资产托管（77.44%）、证券公司客户资产管理托管（73.36%）、证券投资基金托管（49.86%）、银行理财托管（46.68%）、保险资金托管（46.10%）、信托财产保管（43.53%）、股权投资基金托管（38.11%）、企业年金基金托管（32.94%）、其他资产托管（29.42%）、养老金托管（26.13%）和QDII资产托管（16.48%）。

三、银行资产托管收益

（一）收入保持快速增长

党的十八大后，经济形势“三期叠加”，经济发展进入“新常态”。近年来，随着我国资本市场的快速发展以及市场经济的不断深化，商业银行资产托管业务在有效控制银行风险的过程中脱颖而出。资产托管业务效益的总体水平随着商业银行资产托管规模的增长呈现出较快发展的态势，截至2014年末，国内25家商业银行累计实现托管费收入370.52亿元，较2013年增加55.94亿元，增幅17.78%。

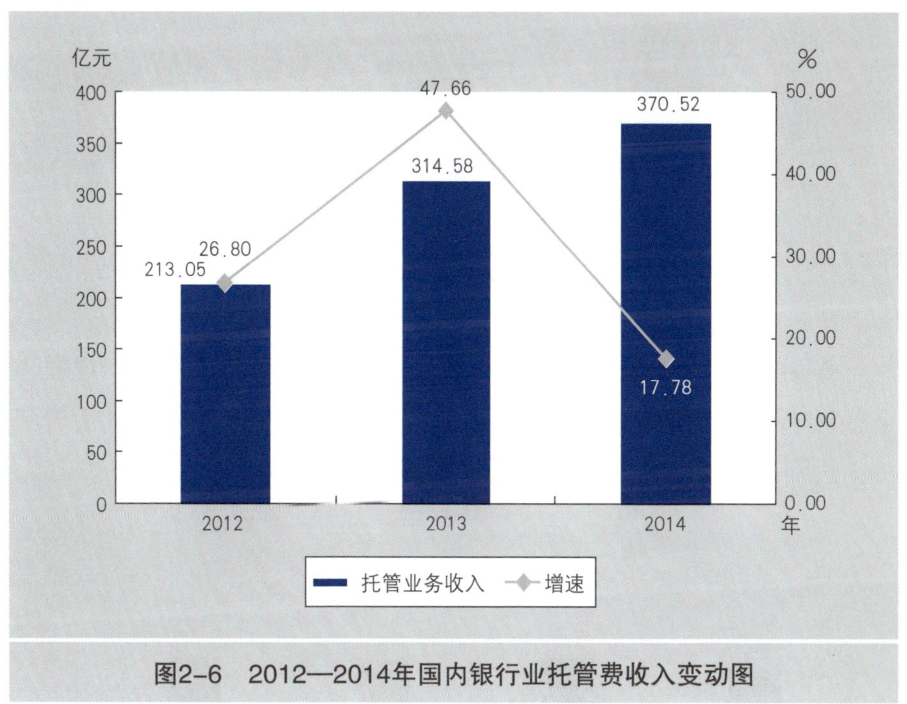

图2-6　2012—2014年国内银行业托管费收入变动图

（二）托管收入结构

从2014年银行业托管收入构成来看，信托财产保管、证券投资基金托管、证券公司客户资产管理计划托管、银行理财托管成为托管收入的主要贡献点，收入占比分别达到24.36%、15.68%、13.30%、10.29%。此外其他资产托管收入占比也超过20%，主要包含交易资金托管收入、专项资金托管收入以及因统计原因未能拆分出来的托管业务品种收费等。

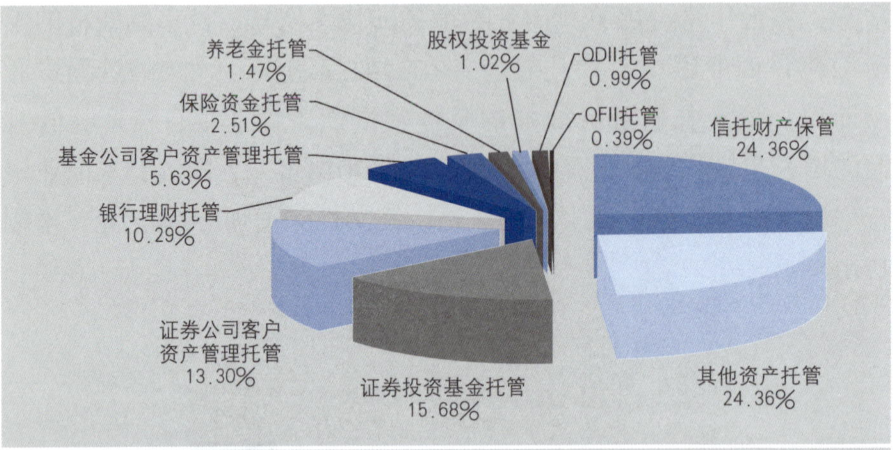

养老金托管
1.47%
股权投资基金
1.02%
QDII托管
0.99%
保险资金托管
2.51%
QFII托管
0.39%
信托财产保管
24.36%
基金公司客户资产管理托管
5.63%
银行理财托管
10.29%
证券公司客户
资产管理托管
13.30%
证券投资基金托管
15.68%
其他资产托管
24.36%

图2-7　2014年国内银行业各类托管产品收入占比图

四、托管市场地位进一步彰显

（一）存托比不断上涨

作为衡量托管在金融市场中地位的重要指标，托管资产规模占金融机构存款总量的比例，即存托比，在2014年呈现持续快速上升势头，达到46.10%。从各季度存托比数据来看，全年均值为39.58%。

万亿元
%
140
120
100
80
60
40
20
0
50
40
30
20
10
0
112.2
34.32
38.51
117.3
36.64
42.98
116.4
41.25
48.02
117.4
46.10
54.12
2014Q1
2014Q2
2014Q3
2014Q4
金融机构存款总额
托管资产总额
存托比

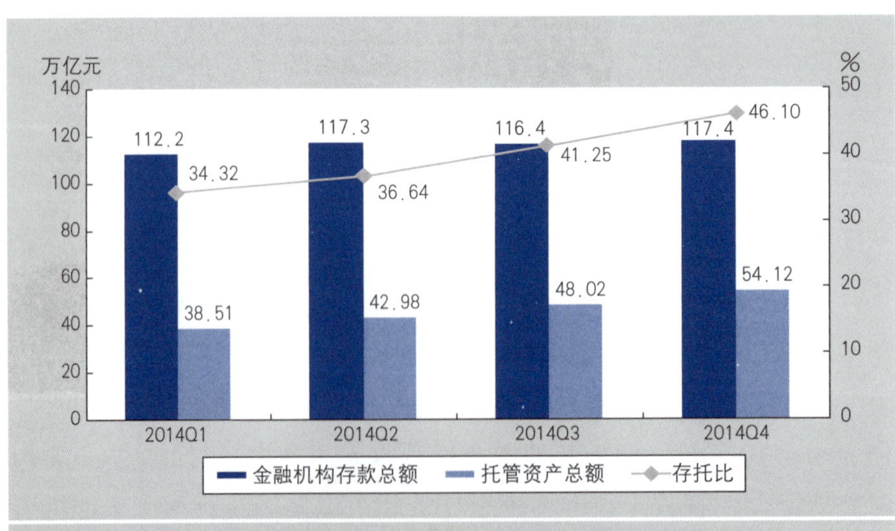

图2-8　2014年国内银行业托管资产规模与金融机构存款各季度对比

从近三年的情况来看，存托比从2012年末的23.74%上升到了2014年末的46.10%，提升了22.35个百分点，增长趋势明显。

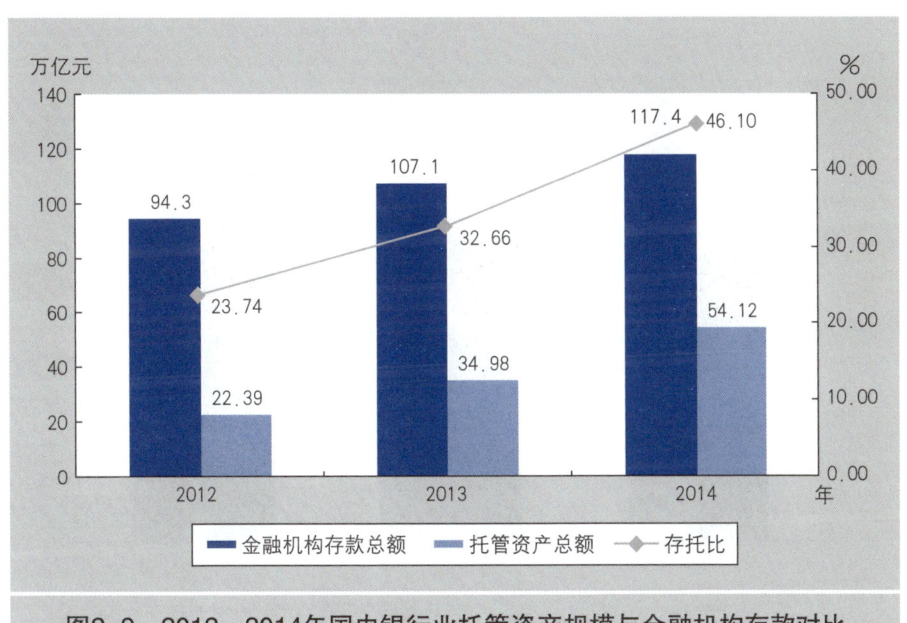

图2-9 2012—2014年国内银行业托管资产规模与金融机构存款对比

（二）托管系数保持上涨趋势

托管系数[①]，即托管资产总额与银行业资产总额的比值，用来衡量托管资产规模与银行总资产规模的对比情况。银行资产是商业银行过去的交易或者事项形成的、由商业银行拥有或者控制的、预期会给商业银行带来经济利益的资源。托管业务虽然是一项表外业务，但对银行当期经营损益带来重要影响，托管资产与银行资产的比值，体现托管业务发展程度与银行表内业务发展程度的对比情况。近年来随着股票市场回暖，二级市场活跃，监管部门鼓励创新，资产管理行业蓬勃发展，银行托管资产规模不断

① 托管系数是衡量资产托管行业发展程度的一项指标，在《中国资产托管行业发展报告（2014）》中首次提出。

增加，托管资产与银行总资产的比值不断提高，体现了托管业务扩张速度快于银行传统表内业务，反映托管业务给银行带来的经营贡献不断提高。

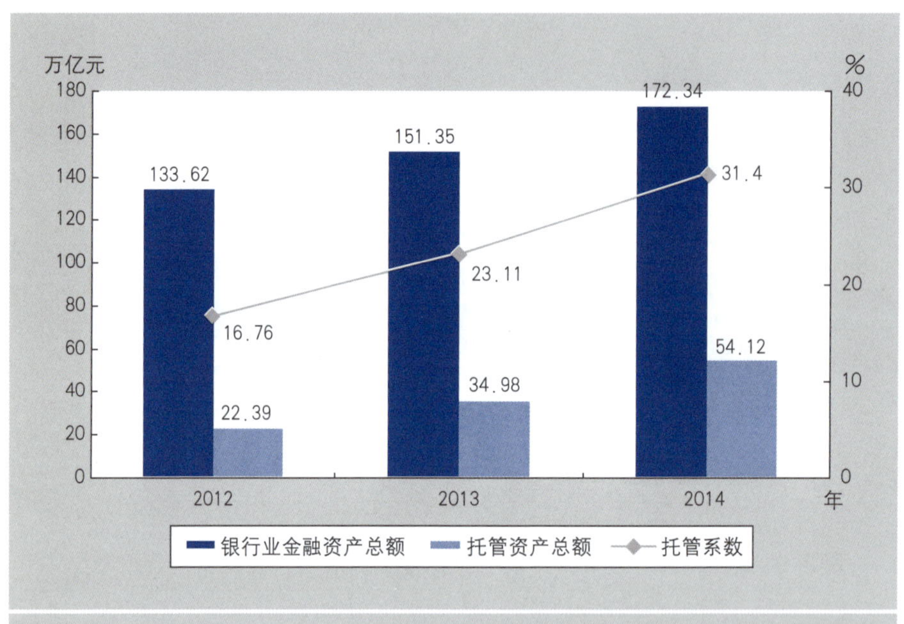

图2-10　2012—2014年国内银行业托管资产规模与银行业金融资产总额对比

如图2-10所示，近三年来托管系数呈现持续上升走势。从2012年末的16.76%上升到2013年末的23.11%，截至2014年末，托管系数达到31.4%，较2013年增长8个百分点，较2012年增长15个百分点。

第三节　商业银行资产托管市场结构分析

目前有七大类托管产品规模超过4万亿元，分别是商业银行理财托管（11.92万亿元）、信托财产保管（8.71万亿元）、证券公司客户资产管理计划托管（7.98万亿元）、保险资产托管（6.96万亿元）、基金公司客户资产管理计划托管（4.51万亿元）、证券投资基金托管（4.40万亿元）、其他资产托管（6.02万亿元）。这七大类托管产品规模合计为50.54万亿元，占市场总规模的93.31%，构成了我国资产托管市场的主体业务。图2-11是2014年国内各类托管产品规模占比图，在托管产品占比中，银行理财托管最高（22.03%），其次为信托财产保管（16.09%）、证券公司客户资产管理计划托管（14.74%）、保险资产托管（12.86%）等。

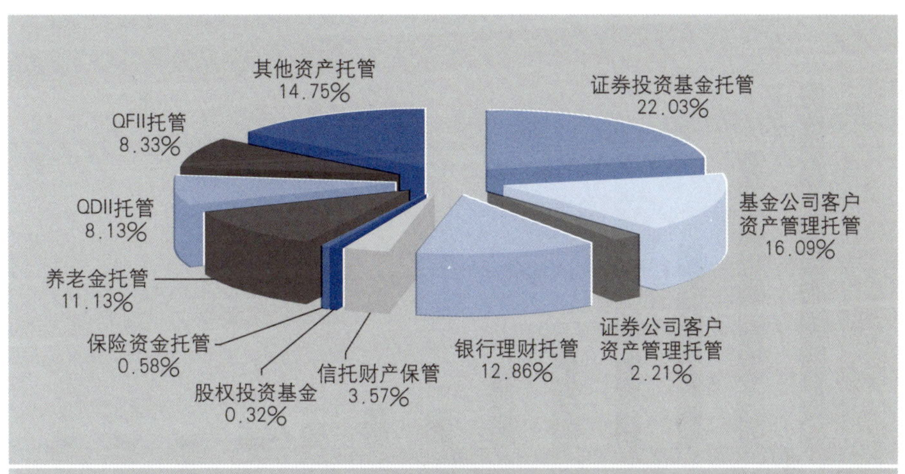

注：企业年金托管规模包含在养老金托管规模中，故此图不体现企业年金托管规模。

图2-11　2014年国内银行业各类托管产品规模占比示意图

与2013年相比，工、农、中、建、交五大托管行在证券投资基金托管、银行理财托管与保险资金托管方面继续保持领先优势。招商银行、中国民生银行、兴业银行、中国光大银行、上海浦东发展银行等股份制托管银行凭借资本市场通道类业务持续发酵，继续维持在基金公司客户资产管理托管、证券公司客户资产管理托管、信托计划保管等领域的领先优势。

一、证券投资基金托管市场

2014年末，银行托管证券投资基金4.40万亿元，较2013年增长49.66%。中国工商银行、中国建设银行、中信银行分别以1.17万亿元、0.95万亿元和0.66万亿元的托管规模排名前三。中信银行凭借“余额宝”产品，2014年末以5 789亿元的托管规模跻身证券投资基金托管规模第三位。当前共有13家银行开展证券投资基金托管业务，其中工、农、中、建、交五大行凭借网点和销售总量优势继续占据市场主导地位，占比达到73%。

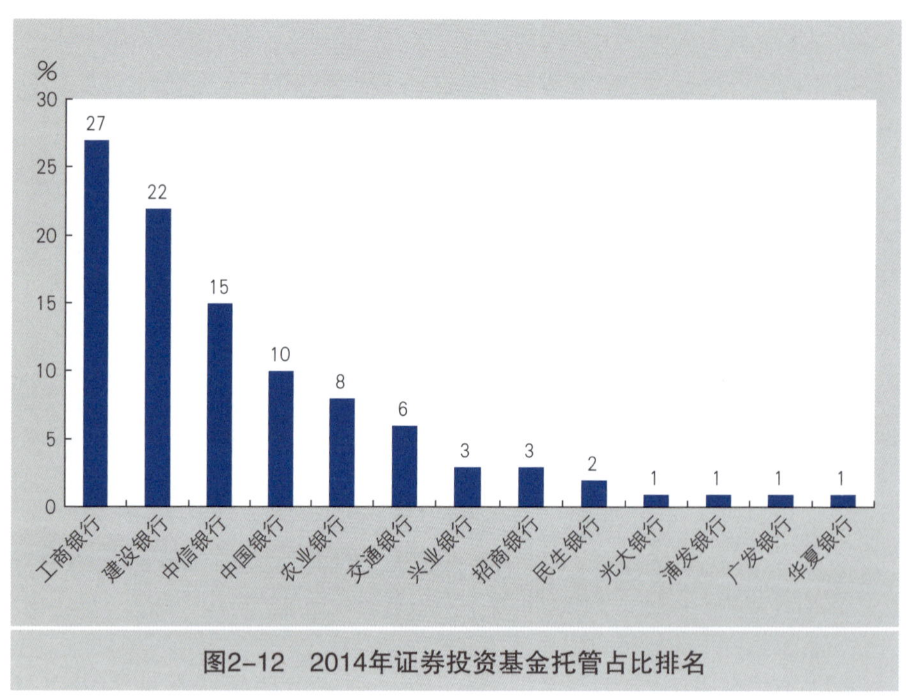

图2-12　2014年证券投资基金托管占比排名

二、 基金管理公司客户资产管理托管市场

2014年末，基金公司客户资产管理托管规模4.51万亿元，较2013年增长308%，虽然其增速较2013年回落较为明显，但仍是托管规模增速最快的业务品种。开展基金公司客户资产管理托管业务的银行达到21家，其中招商银行、中国民生银行、兴业银行等股份制托管银行分别以13.92%、13.77%、8.44%的市场占比排名市场前三。

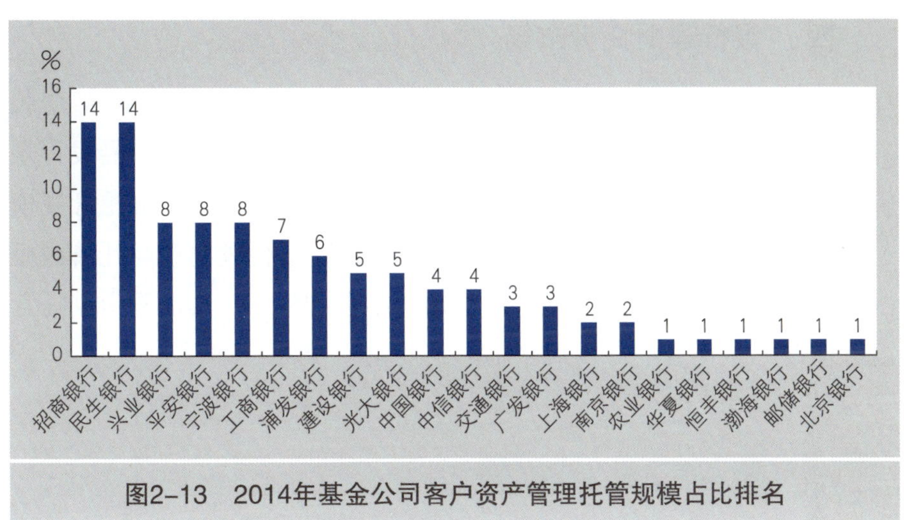

图2-13 2014年基金公司客户资产管理托管规模占比排名

三、证券公司客户资产管理托管市场

2014年末，证券公司客户资产管理托管规模7.98万亿元，较2013年增长73.47%，较2013年195%的增速有所回落，在各类托管产品规模增速中排名第二。兴业银行、中信银行、上海浦东发展银行分别以14.67%、13.00%、9.57%的市场占比排名前三，市场排名前五名变化不大。

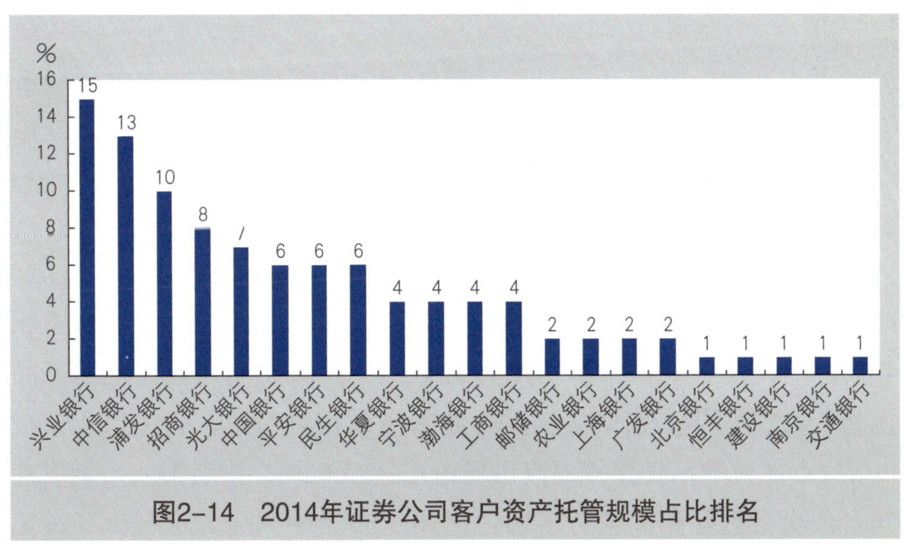

图2-14 2014年证券公司客户资产托管规模占比排名

四、银行理财托管市场

2014年末，银行理财托管规模11.92万亿元，较2013年增长47%，是2014年托管资产占比最高的业务品种。凭借理财产品发行规模优势，工、农、中、建、交五大行继续保持在理财产品托管规模上的领先，占据市场近50%的份额，其他托管银行理财产品托管规模占比合计从2013年末的47%上升至2014年末的51%，其他股份制托管银行理财产品托管业务发展平稳。

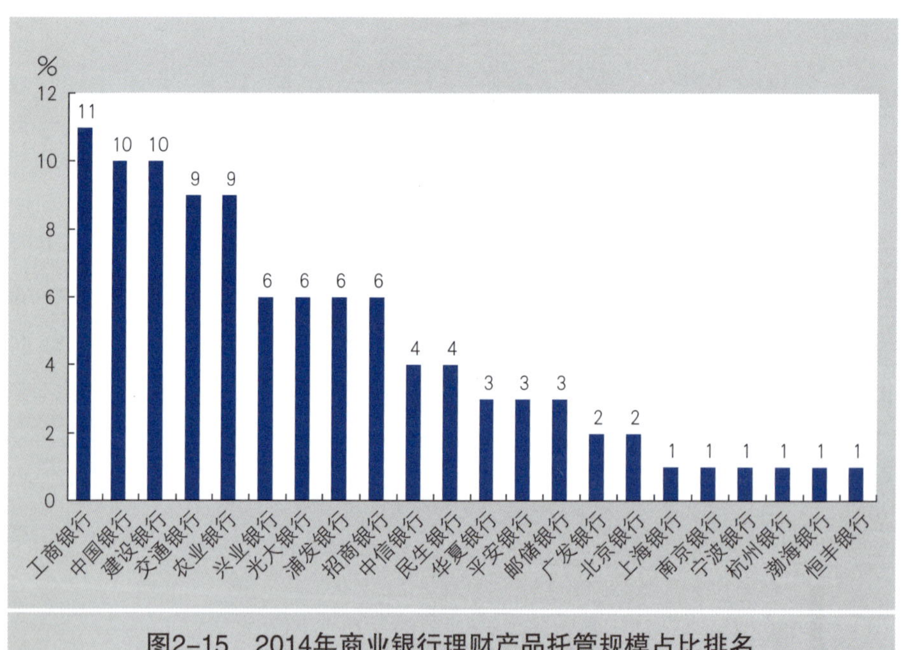

图2-15　2014年商业银行理财产品托管规模占比排名

五、信托财产保管市场

2014年末，信托财产保管规模8.71万亿元，较2013年末增长45%，信托保管规模市场占比排名第二，仅次于商业银行理财产品托管。与2013年末相比信托保管业务格局相对稳定，其中兴业银行以1.31万亿元的信托保管规模市场占比达15.02%，排名第一，剩下前四名依次分别是招商银行市场占比10.33%、中国光大银行市场占比

9.25%、中国民生银行市场占比8.17%、上海浦东发展银行市场占比7.24%和中国农业银行市场占比7.07%。

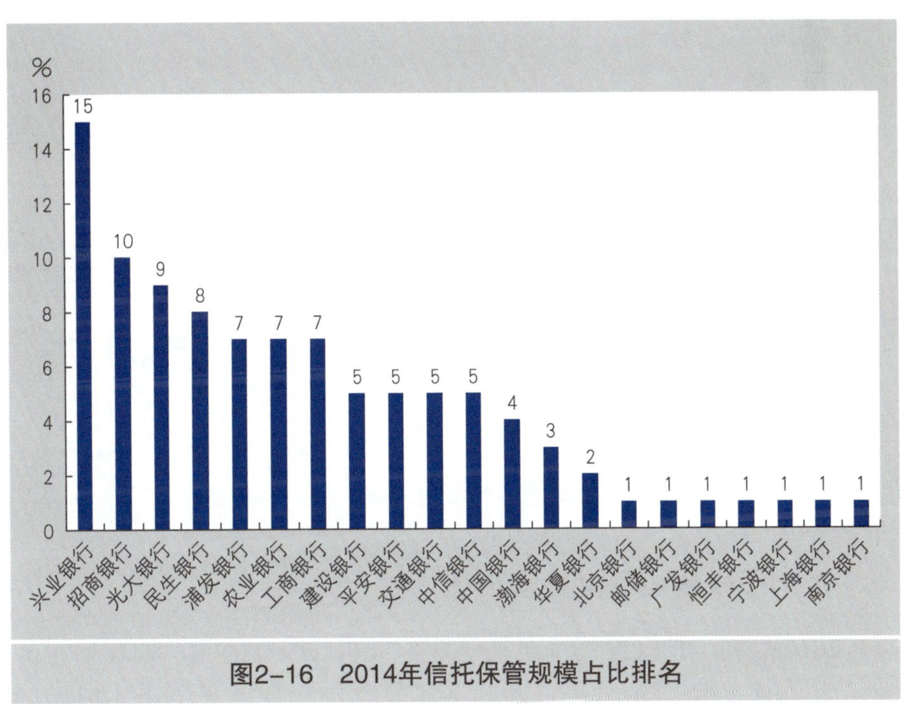

图2-16 2014年信托保管规模占比排名

六、保险资金托管市场

2014年末，保险资金托管规模6.96万亿元，较2013年增长46.22%。工、农、中、建、交五大行在保险资金托管领域占据绝对优势，2013年五大行保险资金托管市场占比达到83%，其他股份制托管银行也积极参与保险资金托管业务竞争，瓜分保险资金托管市场，2014年五大行托管占比合计下降到77%。虽然2014年中国农业银行仍以27.69%的市场占比排名第一，但相较2013年其36%的市场占比，竞争加剧使得领先优势逐步减小，中国工商银行、中国建设银行市场占比分别上升2%，其他股份制托管银行中，兴业银行保险资金托管规模3 866.72亿元，市场占比5.56%，业内排名跃居第五。

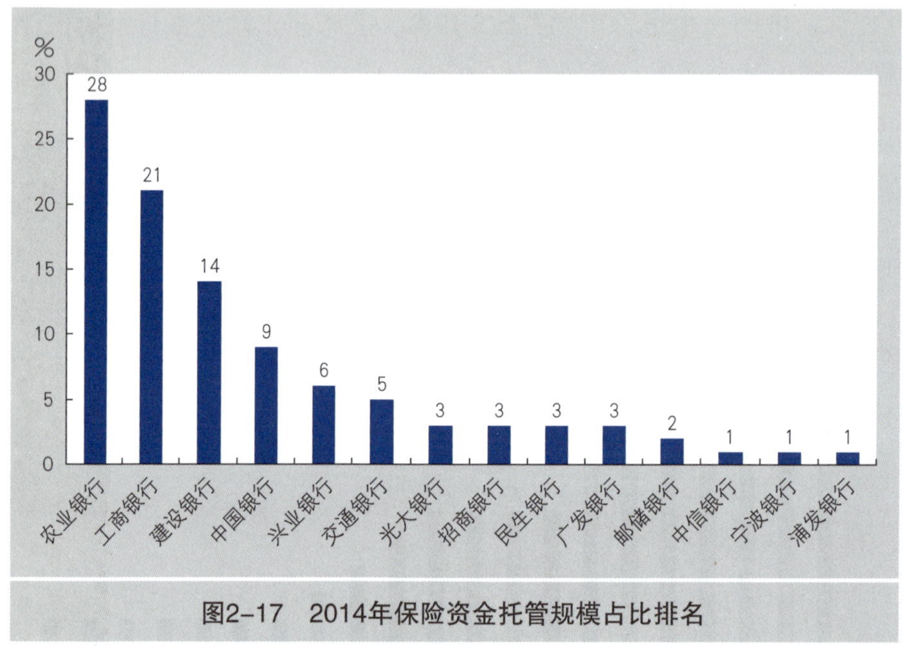

图2-17　2014年保险资金托管规模占比排名

七、股权投资基金托管市场

2014年末，股权投资基金托管业务规模1.19万亿元，较2013年末增长37.93%。2014年股权投资基金托管格局变化不大，中小股份制托管银行在股权投资基金托管领域表现继续领先工、农、中、建、交五大托管行，其中上海浦东发展银行以21.31%的市场份额占比继续保持行业领先。招商银行、中国工商银行、中国民生银行、兴业银行股权投资基金托管分别排名第二至第五，其中兴业银行股权投资基金托管规模增加约2个百分点。

八、养老金托管市场

2014年末，养老金托管规模1.93万亿元，较2013年增长28.7%。工、农、中、建、交凭借长期业务发展与积累，继续保持业内领先，占据市场89%左右的份额，其中交通银行养老金托管规模以绝对优势领先其他托管银行，中信银行、招商银行、上海浦东发展银行等股份制托管银行养老金业务继续保持稳健发展态势。

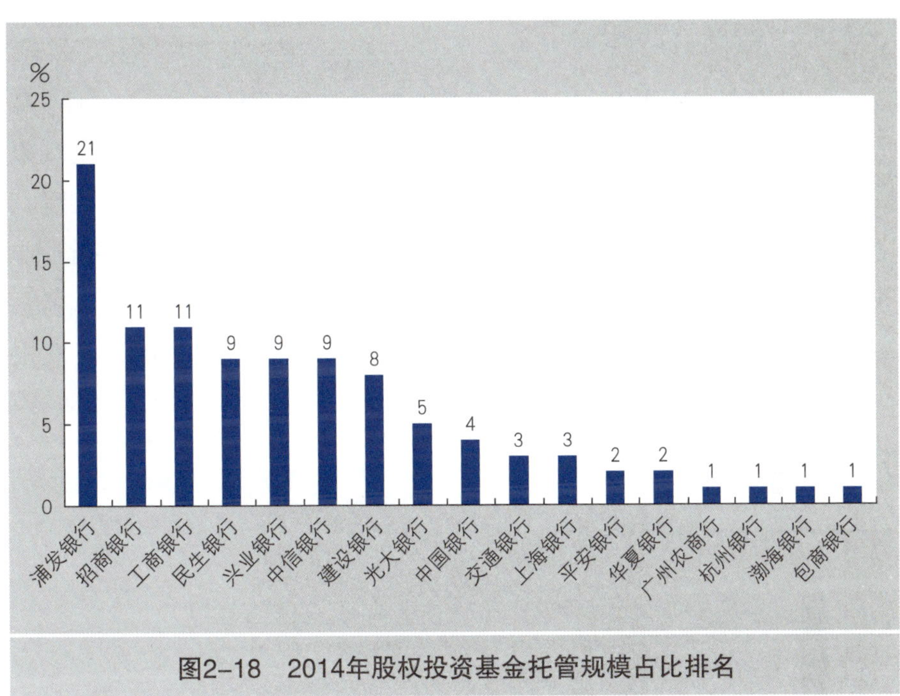

图2-18　2014年股权投资基金托管规模占比排名

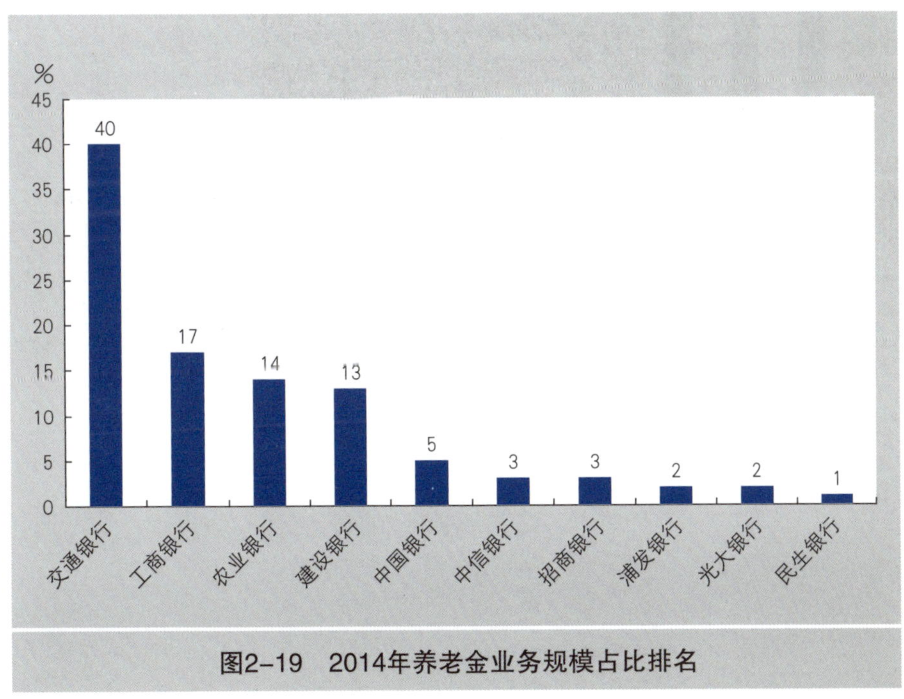

图2-19　2014年养老金业务规模占比排名

九、 跨境资产托管市场

2014年末，QFII及QDII资产托管规模分别达到3 146亿元和1 741亿元，分别较2013年增长77.44%和16.52%。受人民币国际化政策持续影响，QFII业务继续保持较快的发展态势。工、农、中、建、交五大托管行就先凭借雄厚客户资源与技术优势在跨境资产托管业务中保持领先，其中中国工商银行以34.12%的市场占比业内排名第一。中小股份制托管行中，上海浦东发展银行、招商银行、广发银行跨境资产托管业务发展迅速。

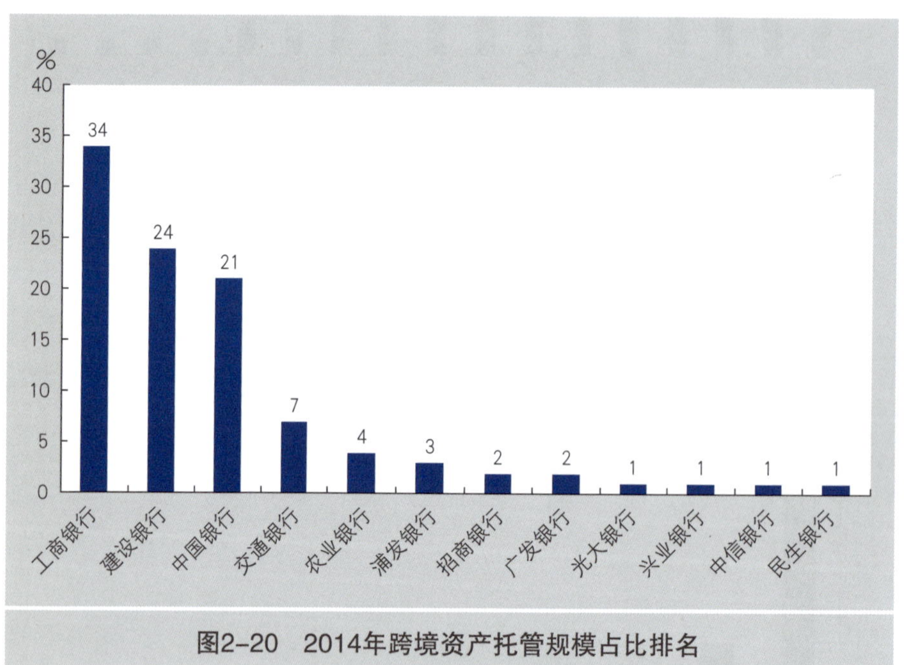

图2-20　2014年跨境资产托管规模占比排名

第三章　托管产品与系统创新和发展

2014年，中国经济发展的“新常态”引发了社会经济结构的重大变革，成为我国资产托管行业发展新的驱动力，推动了资产托管行业在服务领域、服务对象和服务模式方面的创新与发展。

第一节　托管产品与服务创新

2014年，我国资产托管行业的产品与服务创新呈现出多元化的特点，一是宏观经济结构调整所引发的与实体经济高度相关的托管产品与服务的创新；二是互联网金融所引发的各类托管产品销售及托管服务流程的创新；三是中国市场开放度提升带来的托管服务地域性扩展；四是托管银行发展转型驱动的托管服务内涵及外延的拓展，如以绩效评估服务和外包服务为代表的增值服务等。

一、基金公司证券投资基金及专户（子公司）托管产品与服务

（一）基金销售平台创新

与2013年中信银行与天弘基金管理有限公司和余额宝合作的“天弘增利宝货币市场基金”一枝独秀相比，2014年更多的托管银行利用互联网金融优势，改造原有业务流程，实现了托管业务创新发展。中国农业银行与微信“财付通”及国金证券“佣金宝”合作，上海浦东发展银行“普发宝”及苏宁电商等互联网平台合作，销售并托管多只证券投资基金产品。此外，上海浦东发展银行联合汇添富基金公司与中国移动合作，依托手机支付平台，共同推出货币基金产品，在增强手机支付对客户黏性的同时，更好地提升广大客户的理财意识。

（二）基金交易方式创新

随着资本市场的快速发展，客户对资金的利用效率提出更高要求。顺应市场需求，托管银行大胆创新，以多种方式实现货币市场基金资金“T+0”到账。

中国农业银行推出业内首只同时具有场内、场外两类份额的南方理财金交易型货币市场基金。该基金场外份额通过场外销售机构的销售网点进行销售，办理申购、赎回等业务。场内份额在上海证券交易所上市交易，通过券商办理场内申购、赎回业务，并利用二级市场交易方式实现资金T+0可用。中国建设银行托管的上投摩根现金管理货币市场基金则采用一天多次清算的方式，通过增加基金赎回款清算次数来提高资金使用效率，实现了基金直销客户赎回资金“T+0”到账的要求，成为国内首只不通过垫资方式实现“T+0”的货币市场基金。中国民生银行创新地采用货币市场基金收益权买入返售实现为货币基金垫资的模式，并针对性地开发了T+0代付系统用于无风险管理垫资账户向投资者的赎回款项直接划付，满足了货币基金T+0模式的业务需求。

（三）基金投资标的创新

1.“沪港通”投资基金。2014年4月10日，中国证监会正式批复开展沪港互联互通机制试点，有力地促进了中国内地与香港资本市场双向开放和健康发展。中国工商银行、中国农业银行分别与南方基金管理公司和华夏基金管理公司首批联合推出南方恒生交易型开放式指数证券投资基金和华夏沪港通恒生ETF及其连结基金，通过上海证券交易所的港股通平台投资恒生指数成分股，并在上海证券交易所挂牌交易。该产品不需要聘请境外托管人和境外投资顾问，也无须进行结售汇、外汇划款、境外投资数据申报等操作，具有透明、高效、低成本的优点，为境内投资者以较低的资金门槛参与香港市场投资提供了便利。

2. 非上市股权投资基金。2014年9月，中国工商银行与嘉实基金管理有限公司联合推出国内首只以增资方式，参与我国国有企业混合所有制改革的公募基金产品——嘉实元和封闭发起式证券投资基金。该基金主要投资于中石化销售公司的非上市股权，在投资标的、投资比例等方面都有新突破，为社会大众分享我国国有企业改制红利打开新通道，并有力地促进实体经济发展。

3. 互联网大数据指数基金。2014年10月，兴业银行与广发基金管理有限公司合作推出国内首只互联网大数据基金——广发中证百度百发策略100指数基金。该基金以2014年7月初推出的中证百度百发策略100指数为跟踪投资标的。该指数是由中证指数、百度和广发基金三方联合编制、计算并发布，首次将互联网金融大数据、云计算等技术嵌入传统金融投资策略中，将互联网用户行为大数据挖掘结果引入指数编制方案，采用量化选股模型，颠覆性地改造了传统股票市场指数编制方法和量化投资方法，开创了我国大数据定制指数的里程碑。

（四）基金专户（子公司）托管产品与服务创新

2014年，基金专户业务在投资标的上更为多元化。中国建设银行先后与华夏基金管理公司合作，在国内首次推出以国企混合所有制改革为投资主题的境外特定客户资产管理计划；与富国基金管理公司合作，推出以收益权互换为主要投资标的的特定客户资产管理计划。上海浦东发展银行参与托管二级市场配资的开放式分级基金专户产品，大力拓展基金“一对多”专户参与定向增发、参与股票质押式回购等资本市场标准化投资项目。北京银行把握新三板市场发展给银行托管业务带来的发展机遇，与前海开源基金管理有限公司联合推出前海开源资产新三板优选投资专项资产管理计划。

二、保险资产托管产品与服务创新

2014年，托管银行发挥创新实力，为保险资产进入国民经济建设各领域牵线搭桥，积极参与实体经济建设。交通银行继续大力引荐保险资金等社会资金通过债权投资计划以信托贷款形式为企业提供融资支持，并通过提供担保授信、托管服务，有力地支持了重大基础设施、棚户区改造、城镇化建设等国家重大工程和民生工程。中国民生银行采用保险股权投资计划+有限合伙制私募基金的产品结构，同时通过履约保函、结构化分层设计积极研究多元化增信方式，大力推动包括股权投资计划在内的保险另类投资计划托管业务发展，有效解决保险资金深度参与市政基础设施投资时面临的突出难题，对银保合作推动地方经济融资思路创新等具有重要意义。

三、券商资产管理托管产品与服务创新

2014年，券商资产管理托管产品持续保持高速增长态势。产品创新层出不穷。

（一）券商公募基金产品

2014年1月，中国工商银行托管东方资管发行的国内首只券商系公募基金——东方红新动力混合基金。交通银行与山西证券合作托管其首只货币型证券投资基金，该产品根据对短期利率变动的预测，积极投资短期金融工具，满足投资者高流动性的理财需求。

（二）券商结构化分级产品

中国工商银行与广发证券联合推出广发金管家睿利债券分级1号集合资产管理计划。该产品属于结构化分级理财型集合计划，优先级、进取级份额的配资比例5：1，其中优先级到期自动滚动叙做，不定期优先级随时发行，实现产品收益、产品流动性双优。

（三）资产证券化产品

2014年12月，上海浦东发展银行托管东证资管—安吉租赁1号资产支持专项计划托管业务，成为中国证监会对资产证券化产品实施备案制后发行的首批资产证券化产品。

（四）其他创新产品

上海银行与东海证券联合推出“小额批量股票质押式回购”产品，自动处理股票质押，丰富了券商中小客户融资渠道。

四、银行理财托管产品与服务创新

2014年，为有效应对各类资管产品的竞争与冲击，银行理财托管产品进行了重大突破。

（一）银行理财产品资金效率大大提高

中国工商银行推出了“e灵通”、量化投资理财等产品。其中，便民理财“e灵通”产品通过门户网站、网银、电商平台等各类电子渠道交易，该产品实现7×24小时交易，T+0实时申购确认、实时赎回到账（当天不计息）、购买起点低（1 000元）、交易级差小（1元）、产品风险低、支持自动主动还信用卡、还贷款、在线消费支付等功能，具备多种便民、惠民产品特征，产品推出后受到客户广泛欢迎。中国建设银行理财产品托管业务采用电子同城系统，实现在人民银行资金汇划网络关闭后继续完成同城跨行银行理财资金划转，提高了资金划转效率，满足银行理财产品时效性要求。

（二）整合银行资源，提升理财产品竞争力

交通银行将他行理财产品托管业务与同业理财业务、理财投资顾问业务实现紧密联动，打造“金管家”同业财富管理品牌，为客户提供包含理财产品管理、理财产品投资在内的全方位财富管理服务，能够在满足监管要求的前提下，结合客户的个性化需求，以保障本金安全与实现预期收益为出发点，灵活设计投资方案，客户可参与投资决策，实现理财资金的规范管理与保值增值，切实满足中小商业银行对理财资金管理的需求。

（三）积极开发银行离岸理财产品托管

上海浦东发展银行试点开展首只离岸理财产品、自贸区理财产品、货币转换型外币理财产品的托管业务。

五、养老金托管产品与服务创新

随着我国养老保障制度顶层设计不断完善，养老保障基金市场化运作进程不断加速。2014年，托管银行凭借安全保障这一专业优势，积极参与到我国养老保障制度改革中，并发挥越来越重要的作用。

（一）企业年金养老产品

中国工商银行创新推出国内首单企业年金基金股权投资试点的专项型养老金产品——长江养老中国石化股权型养老金产品。该产品顺应国企混合所有制改革的潮流，优化企业年金资产配置结构，提高投资收益，使得广大企业员工分享到国企制度改革的红利。

（二）优先股养老基金产品

中国工商银行托管的平安聚鑫优先股型养老金产品也是国内首单优先股投资试点的专项型养老金产品。同时，上海浦东发展银行与长江养老联合推出“长江金色优选优先股型养老金产品”。该养老金产品投资标的涵盖经人社部批准的所有企业的优先股，采用分期账户管理，半封闭运行，按份额认购，保障了企业年金基金获得较高固定收益水平，实现了企业年金投资与实体经济的对接。

（三）链接实体经济的养老金产品

交通银行与国寿养老保险股份有限公司联合推出红利系列养老金产品“红利信托计划型养老金产品”和“红利基础设施债权投资计划型养老金产品”。该类产品为大型养老金客户定制养老金产品，实现了金融资产与实体经济的结合，极大地满足了各类养老金客户的需求，扩大了养老金投资范围，提高了养老金投资收益。

六、信托计划托管产品与服务创新

（一）家族信托类产品

随着我国市场经济健康发展，家族资产延续逐步成为市场关注点。2014年，中国农业银行推出家族信托计划保管业务。保管客户交由信托公司管理的资产，保障了家族财富的安全传承。该家族信托保管业务是通过信托公司、托管银行的合作创新，满足了高净值人士家族财富管理需要，增加了银行产品与客户的融合度，增强银行服务客户的能力。招商银行不断创新家族信托托管，2014年率先开办家族保险金信托产品托管业务，打破国内家族信托主要以现金的资产形式成立的传统，实现了保险金信托，即投保人在签订保险合同的同时，将其在保险合同下的保险理赔金设立信托，一旦发生保险理赔，信托将按照投保人分配意志，长期且高效地管理这笔资金，起到对财富的管理与传承作用。

（二）衍生交易类信托产品

上海银行与信托公司联合推出股指期货高频量化对冲产品，通过优化托管系统功能和业务处理流程，满足产品高频交易和行情数据快速响应的需求，拓宽了信托计划投资模式，丰富了信托产品类型。

七、客户交易资金托管与服务创新

为适应市场环境的新变化以及客户对于资金效率和安全性的新需求，2014年托管银行不断创新，拓展客户交易资金托管业务领域，扩大业务覆盖范围。中国工商银行与基金销售机构及基金销售支付机构合作，相继推出基金销售支付资金监管合作业务和基金销售结算资金监督业务，实现客户快捷鉴权、数据实时核对、申赎资金便捷划款、实时到账等便捷功能。交通银行与政策性银行合作，将政策性专项资金的代理结算与资金托管结合起来，提高结算效率与资金安全。同时，交通银行推出商品房预售资金托管业务，实现预售资金的专户保管，确保开发企业按照建设进度及当地主管部门的要求提用销售资金。

八、资产证券化托管业务

自2014年下半年以来，我国的信贷资产证券化业务在政策方面逐步松绑，银监会发文信贷资产证券化由审批制改为备案制，促进了资产证券化业务的蓬勃发展。交通银行紧抓政策机遇，创新发展各类新型资产证券化保管业务。2014年9月，交通银行成功保管行业内首单金融租赁资产证券化项目——交融2014年第一期租赁资产证券化项目，为盘活金融租赁公司的存量资产，拓宽融资渠道探索出新路径。此外，中国农业银行、中国银行与汽车金融有限公司合作推出汽车抵押贷款证券化托管业务，通过资产证券化方式进一步拓宽了银信合作空间。

九、私募投资基金托管

2014年，随着《私募投资基金监督管理暂行办法》和《私募投资基金管理人登记和基金备案办法（试行）》的发布，私募投资基金进入高速增长期。在此背景下，中国工商银行在已经开办信托型阳光私募、合伙制私募基金托管业务的基础上，进一步托管私募管理机构主动发起设立的契约制私募证券投资基金，丰富托管品种，开拓新的市场。上海浦东发展银行先后推出“股权基金退出顾问服务”、“认股选择权合作业务”、“地方股权交易中心金融服务”、“私募股权基金份额交易对接服务”及“浦共赢系列私募股权基金管理咨询服务”五大创新业务，并完成股权基金项目对接、投贷联动等传统业务的转型升级，股权业务产品体系进一步丰富完善，托管能力进一步提升。上海银行以托管业务为核心，借助战略协作伙伴摩根大通的先进技术和管理经验，为托管私募投资管理机构提供募资支持、行政管理及产品对接等全流程的综合金融服务。

十、跨境托管产品与服务创新

（一）自贸区跨境托管服务

伴随人民币国际化进程加速，国内企业对外的并购业务加大，跨境投资托管的需求也急剧增加。上海银行把握上海国际金融中心和自贸区建设的重大机遇，积极探索自贸区跨境投资托管业务，成功实践了“资产托管+并购贷款+境外直接投资”跨境投融资项目、“境外投资+资产托管”境内人民币境外投资项目、“内保外贷+专项资金保管”等创新业务，并顺利上线首单自贸区私募投资基金跨境投资托管产品。

（二）QDLP托管服务

QDLP制度是上海在跨境投融资试点方面取得的新突破，该制度允许注册于海外并投资于海外市场的对冲基金向境内的投资者募集人民币资金，并将所募集的人民币资金投资于海外市场，首批共6家境外大型对冲基金公司获得3亿美元的QDLP额度。交通银行、中国工商银行、中国银行积极参与了QDLP制度制定及方案设计，通过对潜在客户跟踪营销。交通银行成功与首批获得试点资格的3家QDLP机构达成合作意向，2014年4月，交通银行托管的全国首家QDLP-信拓城（Citadel）（上海）海外投资基金合伙企业保管业务成功上线。中国工商银行与首批QDLP试点机构之一的英仕曼集团（Man Group）达成QDLP产品托管合作协议。中国银行也与首批QDLP试点机构——肯阳海外投资基金管理（上海）有限公司设立的合伙企业签订了资金保管协议。

（三）其他跨境托管服务

中国建设银行依托在银行间债券市场的代理、承销商、做市商的优势，整合银行间债券代理服务与托管服务，为QFII、RQFII、境外人民币清算行三类机构客户提供债券代理和托管的整体服务方案，满足客户多市场的投资需求。上海浦东发展银行全球托管业务（QFII/RQFII）实现突破，客户领域进一步延伸至证券、基金行业。中国民生银行与国信证券公司合作推出定向资产管理计划采用了复杂的信托计划—私募基金—券商定向—海外私募债模式，满足客户融资及资金出境的需求。

十一、外包业务

2014年，中国工商银行正式向市场推出估值核算和注册登记外包服务，成为首家正式提供外包服务的托管银行。目前，中国工商银行已经面向基金专户、私募基金、企业年金、券商理财、QDII、信托和MOM基金等产品提供外包服务。此外，中国建设银行和招商银行也加入首批开展外包服务的托管银行行列。招商银行抓住私募基金外包市场时机，组建基金外包团队，快速建立业务管理制度与专用业务系统，并已与多家私募投资管理机构建立良好业务合作关系。

十二、增值服务

（一）托管资产绩效评估服务创新

2014年，中国工商银行不断完善外部金融数据库应用平台的同时，独立自主开发实现了第三代托管投资业绩分析系统（CIPS），该系统实现了全动态组装系统架构调整。指标、分析、报表、报告4个层面全参数化配置、全动态化组装，支持各种灵活定制及常见的收益、风险、绩效、归因、个券、基准等各类分析应用。每个指标均为多层次参数化配置，指标算法能充分支持各类托管领域应用，支持多组合、多基准、多功能、全平台的全面绩效评价分析。基于此，中国工商银行主动向其托管核心客户提供升级绩效评价服务，逐一提供VIP绩效评价报告，以提升客户服务体验。

光大银行自主研发集交易监督、风险评估、绩效分析于一体的全方位增值服务平台，在绩效系统中构建完整的投资管理能力评价体系。该系统设计严谨，计量模型均要求模型设定正确性统计验证专业的情景模拟分析，为客户决策提供独立的决策依据和参考。结构灵活，具备多层次的风险监控、多维度的风险度量、多角度的业绩归因、深层次的投资管理能力评价，支持定期给客户出具组合配置分析、风险和业绩报告。功能先进，采用全球投资业绩衡量标准（GIPS）衡量投资组合收益，构建适合中国资本市场的债券归因分析模型，基于层次分析法的基金评级体系。

（二）融资撮合业务新模式

光大银行以托管业务为平台，走出托管做托管，推出融资撮合业务模式，从行内外授信和非授信客户中挖掘资源，建立项目库，寻找有投资需要的各类资金进行投资，有利于满足客户的多种需要。

第二节　托管系统与业务流程创新

托管系统是托管业务的核心和基础，也是托管银行核心竞争力的重要体现。一方面，托管银行通过对托管系统功能模块的开发与升级保障托管产品与服务创新得以顺利实现；另一方面通过对内部业务流程的优化、风控管理制度的完善提升托管服务品质与效率。

一、托管系统创新

（一）系统升级提速，服务功能大幅提升

1. 在经济新常态和业务快速发展的背景下，2014年整个托管行业营运系统平均升级达23次，各托管银行系统建设与升级力度大幅提升。通过持续不断地系统研发和升级，托管银行的系统功能得到进一步完善，满足了托管行业创新发展的新需求。

2. 系统架构趋于合理，更具延展性。目前各托管行系统建设出发点主要集中在提升业务管理水平、满足产品投资需求、满足监管要求三个方面。系统架构完善主要体现在核心系统对接、客户端开发、系统内功能完善三个方面。以上说明托管行业具有很强的市场化特点，着眼于市场、立足于客户，通过不断自发的系统创新，不断提升服务水平和能力，使托管行业能够在新常态的经济环境下更好地发挥金融服务职能。

（二）托管业务系统运作效率大幅提高

2014年托管行业系统建设特征主要体现为流程化、自动化、集成化三个方面。通过指令前端统一录入以及按业务流程驱动营运，提高了流程化处理水平。通过对接核心、网银、认证等银行内部系统，使托管系统集成度进一步提升，实现统一运维、统一备份、统一认证，降低系统管理成本，提升系统产出效能。通过与中央登记结算机构等的数据直连、电子传真自动发送报表等功能，实现外部

数据交互电子化，大幅减少人工干预，降低操作风险。通过多组合并行的数据处理模式，实现托管营运批量化，降低托管业务人工成本，提高服务效率。

二、托管系统安全管理创新

系统安全管理是托管行履行安全保管职责的前提，2014年各托管行从数据安全和人员安全两方面提升系统安全管理水平。一是数据安全方面，实行科技部门集中管理，依托银行整体网络访问安全机制，设置专属办公区域和设备进行数据处理。二是人员安全方面，通过引入指纹识别、统一身份认证、设置严格授权审批程序、设立外包专业团队等措施提升人员管理和安全防范水平。

三、托管业务流程持续优化

1. 实施业务流程再造。改变原有“按产品线构建营运团队”的模式，按照业务模块配置营运团队，重新构建托管业务系统，并将风险控制措施嵌入业务处理模块，实现业务的切片式、去产品化的流程管理，发挥业务资源的规模优势。

2. 核算业务集中处理模式。成立全职中台，将核算岗每日碎片化工作剥离，可集中处理的工作交由全职中台完成；设置兼职中台，在T+0核算的业务中设置兼职中台，均衡T+0和T+1两种对账模式业务量，进一步集中处理一些可以集中处理的业务模块，提高效率，缓解业务增速过快的压力。

3. 自行开发外围程序。托管行通过自行开发的外围程序，提升营运风险防控能力和差错追查能力。例如凭证批量检查工具、估值表批量检查工具、年金月度报表批量核对工具、权益信息提示工具、自动查询上海清算所余额工具、保监会月报自动生成工具、自动生成提示函工具等。

4. 开发业务流程管控功能，有效防范风险。在托管系统中设置了流程锁，梳理实物券的存入、保管、支取流程，以及开放式基金开户、申赎、分红等业务凭单的传递流程，在一定程度上避免因人为操作引发操作风险的可能性。

四、托管业务风险管理体系持续完善

各家托管行在大力推进新业务营销的同时，不断完善管理制度，制定各项创新业务流程管理及风控管理办法，确保风控工作同步于业务发展，降低创新业务风险。中国工商银行等多家托管银行均建立了完善的内控评价及风控机制。通过对总行、分行资产托管业务开展各种形式的合规检查，通过专项检查、例行检查、联合检查等方式对托管业务的开办及营运进行全方位地动态评估，不断调整并优化托管业务非现场内控评价指标。积极开发风险监控系统，通过监督模型实现通过系统对风险指标的监控。认真持续梳理业务流程风险点，针对指令监控、指令处理、公用信息维护、数据接收、收益分配排查及审核、银行间交易等各环节进行风险点梳理，更新业务规程。

在加强内部风险管理的同时，各家托管银行通过内外部审计的方式，增加外部约束。近三年来托管行业平均每年接受内部审计一次（不包括银行整体年审和高管任职审计）。2014年在国家政策和经济形势影响下，托管行业接受外部审计的频率高于往年。外部审计机构除银监会、发改委、审计署等监管机构之外，托管行还自发邀请外部审计机构依据国际审计标准对托管业务进行审计。中国工商银行、中国银行、中国建设银行、交通银行、中国民生银行每年开展一次外部审计，其他托管行外部审计频率为每三年一次。外部审计已逐渐成为托管行业内普遍认可的提升内控管理的辅助方式。

2014年，我国托管行业普遍采用ISAE3402标准开展外部审计。该标准由国际会计师联合会（IFAC）的国际审计与鉴证准则理事会（IAASB）制定，于2009年12月发布，2011年6月生效执行。审计方法是基于管理层声明的风险导向进行审计，标准适用于国际上所有地域的托管服务机构。采用ISAE3402国际审计标准，使报告更加规范化和国际化，契合我国资产托管行业国际化的发展趋势。

第四章　资产托管政策发展

第一节　中国证券监督管理委员会法规

一、《关于修改〈证券发行与承销管理办法〉的决定》

（一）政策名称

《关于修改〈证券发行与承销管理办法〉的决定》（证监会令第98号，以下简称《决定》），出台时间：2014年3月21日。

（二）出台背景

2013年10月，为规范证券发行与承销，中国证券监督管理委员会出台了《证券发行与承销管理办法》（以下简称《办法》）。经过一段实施，中国证券监督管理委员会根据《办法》规定对48个项目的执行情况进行了检查，发现了一些问题：一是部分规定的执行结果不符合政策初衷，如《办法》中规定网下投资者标准由承销商制定，导致很多不具备应有投资经验和定价能力的投资者参与了网下报价申购，网下投资者质量良莠不齐，不排除投机者；二是承销过程中有不利于一般投资人的行为发生，普遍存在发行人、承销商和相关人员泄露询价和定价信息、操纵发行定价等行为。为解决上述问题，切实保护投资者合法权益，中国证券监督管理委员会对《证券发行与承销管理办法》进行了修订。

（三）政策解析

1. 加强监管。明确证券业协会对网下投资者进行自律管理。即投资者的注册、询价、配售、日常管理、跟踪评价、奖惩制度等，均由证券业协会实行自律管理。具体为，一是向协会备案，以专业投资者自主申请+其他由具有承销业务资格的证券公司推荐方式；

二是只有经过备案的投资者及其管理的产品才能参与网下报价、申购；三是主承销商可在遵循询价机制及全面考虑投资者数量的基础上设定网下投资者的具体条件。明确中国证券监督管理委员会在发现涉嫌违法违规或者存在异常情形的，可责令发行人和承销商暂停或中止发行。

2. 明确主承销商对网下投资者资格的核查责任。即具备丰富的投资经验和良好的定价能力，报价时应持有一定金额的非限售股份，是否为《办法》第十五条的配售对象。

3. 明确网下投资者的报价方式。即非个人投资者以机构为单位进行报价，如基金公司按公司报价而非按所管理的不同基金产品报价；单个投资者只能报一个价格；取消有效报价投资者的上限要求。

4. 明确网下配售基本原则。首次公开发行股票后总股本4亿股（含）以下的，网下初次发行比例不低于本次公开发行股票数量的60%，超过4亿股的，不低于70%；增加企业年金和保险资金为优先配售对象；可对网下投资者进行分类，同类投资者获配比例应当相同；公募基金、社保基金、企业年金和保险资金获配比例不低于其他投资者。

5. 调整回拨机制，增加网下向网上回拨档次。如网下认购不足，不得向网上回拨；网下向网上回拨比例：50<网下有效申购倍数<100（含），回拨20%；100<网下有效申购倍数<150（含），回拨40%；150<网下有效申购倍数，回拨后网下发行比例不超过本次公开发行股票数量的10%。

6. 增加发行承销过程中参与各方的禁止行为，共9类；扩展了禁止配售的关联方范围。

（四）政策影响

《决定》从证券发行和承销的多个方面对《证券发行与承销管理办法》进行了修改，对承销行为的依法合规提出严格要求，并明确监管部门将落实事中事后监管措施，如严格监管和处罚，建立常态化的检查机制等，更加有利于保护投资者利益，保证证券市场的健康发展。

二、《公开募集证券投资基金运作管理办法》

（一）政策名称

《公开募集证券投资基金运作管理办法》（证监会令第104号，以下简称《办法》），出台时间：2014年7月7日。

（二）出台背景

为了规范公开募集证券投资基金（以下简称基金）运作活动，保护投资者的合法权益，促进证券投资基金市场健康发展，根据新修订的《证券投资基金法》及其他有关法律、行政法规，制定本办法。

（三）政策解读

1.《办法》作为2013年6月新基金法重要的配套法规，是基金募集、申购赎回、投资、收益分配、持有人大会等环节须普遍遵守的业务规范。

2.《办法》第二章第九条和第十条，明确基金注册制将于2014年8月8日正式实施。

3.《办法》第四章第三十条、第三十一条，以80%作为标准线明确基金类型，并规定必须在基金合同和基金招募说明书中载明基金类别。

4.《办法》第四章第三十条、第三十二条还涉及基金中的基金（FOF）的相关投资规定。即第四章第三十条规定了FOF投资于其他基金份额的比例下限为80%；第三十二条规定，FOF持有其他单只基金，其市值不得超过基金资产净值的20%，不得投资于其他FOF。

（四）政策影响

《办法》的正式出台，主要政策影响：首先，将产品审查转向以投资者为导向，以信息披露为中心。其次，支持市场主体围绕客户需求自主设计发行公募基金，支持管理人与投资者利益绑定的费率结构。再次，优化许可程序，建立标准明确、运作规范、制约有效的公募基金注册审查制度。最后，加强事中事后监管，形成放而不乱、活而有序的新机制。

三、《私募投资基金监督管理暂行办法》

（一）政策名称

《私募投资基金监督管理暂行办法》（证监会令第105号），出台时间：2014年8月21日。

（二）出台背景

2012—2014年，是中国私募基金高速发展的3年，私募市场迅速崛起并迅速占领了民间资本市场。为使私募基金有法可依，有章可循，促进行业健康发展，中国证券监督管理委员会制定公布了《私募投资基金监督管理暂行办法》（以下简称《暂行办法》），对于整个行业起到建章立制的作用。

（三）政策解析

1.《暂行办法》共四十一条，对私募基金及其管理人的界定、设立、合格投资者、资金募集、投资运作以及违反《暂行办法》的法律后果作比较完整的规定，基本囊括从私募基金设立、运营、监管到注销的全过程。

2.《暂行办法》明确了私募基金的投资范围。同时还明确非公开募集资金，以进行投资活动为目的设立的公司或者合伙企业，资产由基金管理人或者普通合伙人管理的，其投资活动适用本办法；证券公司、基金管理公司、期货公司及其子公司从事私募基金业务适用本办法。

3. 在基金管理人登记环节，《暂行办法》要求各类私募基金管理人均应当向基金业协会申请登记，并根据基金业协会相关规定报送基本信息及有关材料。

4.《暂行办法》明确私募基金应当向合格投资者募集，同时严格地限制了私募基金的宣传推介方式。

5.《暂行办法》要求私募证券基金管理人签订基金合同、公司章程或者合伙协议。在基金托管方面，未强制要求私募基金进行托管安排，但要求除基金合同另有约定外，应当由基金托管人进行托管；不进行托管的，应当在基金合同中明确保障制度措施和纠纷解决机制。

6. 在投资环节，《暂行办法》规定私募基金管理人应当在不同基金之间建立相互独立的投资决策流程和防火墙制度。在信息披露方面，要求如实披露各种运作情况以及可能影响投资者合法权益的其他重大信息，及时填报、定期更新。

7. 在监督检查方面，《暂行办法》规定中国证券监督管理委员会及派出机构对相关机构开展私募基金业务情况，进行统计监测和检查，并有权依法采取措施。

（四）政策影响

《暂行办法》贯彻落实了《证券投资基金法》要求，提供了操作性管理规则，确立符合私募基金行业运作特点的适度监管制度，促进私募投资基金健康规范发展，保护投资者合法权益。《暂行办法》的实施将推动多层次资本市场平稳运行、优化资源配置和推进经济结构战略性调整，作用重大，意义深远。

四、《私募投资基金管理人登记和基金备案办法（试行）》

（一）政策名称

《私募投资基金管理人登记和基金备案办法（试行）》（中基协发[2014]1号），出台时间：2014年1月17日。

（二）出台背景

20世纪80年代中期，私募股权以风险创投形式引进我国，但由于管理体制没有理顺，行政干预较多，且基金投资后退出机制不完善，导致21世纪初之前的两次私募投资浪潮以失败告终。但随着我国资本市场的不断发展，有利于私募股权投资发展的制度创新不断出台，创业板的推出使私募股权基金有了退出渠道，《证券登记结算管理办法》扫清了有限合伙企业开立证券账户的障碍，我国的私募股权投资在新政的推动下又得到快速发展。2013年，私募股权领域的融资额和投资量达到了1 000亿~2 000亿元人民币，且增长迅速，对相关业务的监管也提上日程。2013年6月，《证券投资基金法》将非公开募集证券投资基金纳入监管并实行备案制，明确了非公开募集基金的法定地位，在国内发展多年的私募基金行业首次得到法律承认。随后，《关于私募股权基金管理职责分工的通知》进一步规范了中国证券监督管理委员会与发改委在私募管理基金管理上的分工职责。中国证券监督管理委员会负责对私募基金的监督管理，实施适度监管，保护投资者权益，而发改委负责组织拟订促进私募基金发展的政策措施，以及制定政府出资的标准和规范，两部门建立协调配合机制，实现信息共享。为了落实《证券投资基金法》和《关于私募股权基金管理职责分工的通知》的要求，监管部门起草了《私募投资基金管理人登记和基金备案办法（试行）》（以下简称《办法》），将私募证券投资基金、包括创业投资基金在内的私募股权投资基金等各类私募基金纳入统一调整范围。

（三）政策解析

《办法》对私募基金管理人的登记、基金备案、人员管理、信息报送、自律管理等提出了具体要求。主要内容如下：

1. 成立私募基金要向基金业协会进行登记。明确私募基金管理人应当通过私募基金备案登记系统向基金业协会履行登记手续，基金管理人在收齐材料20个工作日内通过网站公示的形式办理为私募基金管理人登记手续，并在私募基金管理人解散后办理注销登记。

2. 对私募基金实行备案制管理。私募基金募集完毕后，管理人应在20个工作日内通过私募基金登记备案系统进行备案，基金业协会在收齐备案材料20个工作日内通过网站公示的形式办理为私募基金办结备案手续，经备案的私募基金可以申请开立证券相关账户。

3. 从事私募基金业务的专业人员应当具备私募基金从业资格。规定私募基金管理人应当向基金业协会报送高级管理人员及其他基金从业人员基本信息，专业人员必须应当具备私募基金从业资格，并明确了认定私募基金从业资格的条件。

4. 按基金类别分别定期报送私募基金信息。明确私募基金管理人应当在每月结束5个工作日内更新所管理的私募证券投资基金信息，每季度结束10个工作日内更新所管理的非证券私募投资基金信息，每年度结束20个工作日内更新管理人及所管理的私募基金等信息；每年度4月底之前报送经审计的年度财务报告。

5. 明确基金业协会相关专业委员会对私募基金管理人及所管理的基金实施差别化的自律管理，建立从业人员诚信档案，接受、调查、核实并依法处理相关投诉。

（四）政策影响

1. 透露中国证券监督管理委员会对私募基金的监管思路，即由证券投资基金业协会主导监管。在发展私募基金业务方面，今后证券业协会与地方政府和地方性基金业协会的协调分工十分重要。

2. 严格对私募基金的管理。一是将原来发改委按照规模不同采用不同层级监管模式的管理方式，改为不论基金规模大小均需统一在基金业协会的私募基金登记备案系统进行备案，并提出私募基金管理人应当向基金业协会履行基金管理人登记手续，并申请成为基金业协会会员；二是通过业务限制引导私募基金管理人自觉履行职责，规定经备案的私募基金可以申请开立证券相关账户，如果私募基金投资拟上市企业，就必须备案，否则无法开立证券账户，而且如果私募基金想通过上市退出，也必须到基金业协会备案；三是提高了对从业人员的要求。以往发改委仅对私募基金高管人员有所要求，《办法》规定“所有从业人员具备私募基金从业资格，包括通过基金业协会组织的私募基金从业资格考试，或最近3年从事投资管理相关业务”。

3. 加强信息披露的监管。对私募证券投资基金信息要求按月更新，非证券类私募基金信息要求按季更新，管理人、股东或合伙人、高级管理人员及其他从业人员的信息要求按年度更新，并每年向基金业协会提供经审计的年度财务报告。

五、《关于基金托管人高级管理人员任职备案事项的通知》

（一）政策名称

《关于基金托管人高级管理人员任职备案事项的通知》（中基协发［2014］1号），出台时间：2014年1月17日。

（二）出台背景

为落实中国证券监督管理委员会证券基金机构监管部的授权和有关要求，规范证券投资基金行业基金托管人高级管理人员任职的自律管理，保护基金持有人及相关当事人的合法权益和社会公共利益，促进基金行业和基金托管人的健康发展，中国证券投资基金业协会发布《关于基金托管人高级管理人员任职备案事项的通知》（以下简称《通知》），对基金托管人高级管理人员实行任职备案。

（三）政策解析

1.《通知》明确基金托管人高级管理人员的人员范围，要求基金托管人按照相关法律法规及公司章程的规定，自主决定对基金托管部门的总经理、副总经理或实际履行总经理、副总经理职务的其他人员的聘任和解聘，并从聘任或解聘正式生效之日起的10个工作日内向协会进行备案。

2.《通知》明确基金托管人高级管理人员基本任职条件，要求取得基金从业资格；通过协会组织的基金托管人高级管理人员证券投资法律知识考试；具有3年以上基金、证券、银行等金融相关领域的工作经历及与拟任职务相适应的管理经历；没有法律法规规定的不得担任公司董事、监事、经理和基金从业人员的情形；最近3年没有受到证券、银行、工商和税务等行政管理部门的行政处罚。

3.《通知》明确基金托管人高级管理人员任职备案材料，基金托管人应向协会提交聘任备案报告、基本情况登记表、从业经历证明、对聘任人的考察意见、从业资格及证券投资法律知识考试合格证明材料等。

（四）政策影响

1.《通知》明确规定基金托管银行基金托管部门总经理、副总经理以及实际履行上述职务的其他人员的任职进行备案，对任职资格做了详细明确的规定，基金托管人高级管理人员任职备案须及时，备案材料须真实、准确、完整。对违反《通知》规定的，协会将根据自律规则对基金托管人采取自律措施。《通知》强化对基金托管人自律要求，确保监管不会松懈。

2.《通知》有针对性地对基金托管人高级管理人员提出任职要求，有利于完善行业整体高管人员素质，促进基金托管人形成、完善有效的人员管理、公司治理及内部控制，促进托管行业良性发展。

六、《基金管理公司及其子公司特定客户资产管理业务电子签名合同操作指引（试行）》

（一）政策名称

《基金管理公司及其子公司特定客户资产管理业务电子签名合同操作指引（试行）》（中基协发［2014］16号），出台日期：2014年7月7日。

（二）出台背景

为规范证券投资基金管理公司及其子公司特定客户资产管理电子签名合同的操作，促进特定客户资产管理业务的发展，保护投资者利益，中国证券投资基金业协会制定了《基金管理公司及其子公司特定客户资产管理业务电子签名合同操作指引（试行）》。

（三）政策解析

1. 基金管理公司及其子公司特定客户资产管理业务电子签名合同是指基金管理公司及其子公司从事特定客户资产管理业务，与委托人和托管人之间通过电子信息网络以电子形式签署的特定客户资产管理合同。

2. 解决集合资产管理合同安全与规范问题、纸质合同签署周期长、程序烦琐、合同管理成本较高的问题和客户资料获取的问题。

（四）政策影响

该指引涵盖电子签名合同基本要求、签署等内容。基本要求包括特定资产管理计划的管理人应当按照法律法规的相关规定，拟定电子签名合同标准文本。每个特定资产管理计划应当只有一份电子签名合同标准文本，适用于所有参与该特定资产管理计划的当事人；管理人、销售机构应确保委托人可以通过其互联网网站或营业网点等渠道查阅电子签名合同标准文本等。

七、《证券投资基金国债期货投资会计核算业务细则（试行）》

（一）政策名称

《证券投资基金国债期货投资会计核算业务细则（试行）》（中基协发[2014]9号公告），出台时间：2014年3月13日。

（二）出台背景

继2013年9月中国证券监督管理委员会发布了《公开募集证券投资基金参与国债期货交易指引》对参与国债期货的基金种类及比例限制等方面进行了明确和规范后，国债期货的投资参与者由券商扩展至公募基金，投资参与者范围的放宽以及2014年政府出台的多项微刺激政策，使国债期货成为了重要的金融衍生品及风险管理工具。为规范基金管理公司、托管机构在证券投资基金关于国债期货投资的会计核算，真实、准确地提供会计信息，并为行业内产品参与国债期货投资提供统一的会计核算和估值方法，中国证券投资基金业协会发布了《证券投资基金国债期货投资会计核算业务细则（试行）》（以下简称《细则》）。

（三）政策解析

《细则》对证券投资基金投资国债期货会计核算中的科目设置以及国债期货投资中各类相关业务的会计核算账务处理方法做出了规范。主要内容如下：

1. 会计科目设置。《细则》对期货投资中的结算备付金、存出保证金、其他衍生工具、证券清算款、投资收益和费用等会计科目进行规范并对各科目相应的核算内容进行梳理。《细则》还要求基金管理公司和基金托管银行在不违反统一会计核算要求的前提下，可根据需要自行确定明细科目。对于“其他衍生工具”、“公允价值变动损益”、“投资收益”等科目，应根据确定的套期保值等交易目的，设置相应的明细科目。

2. 会计核算账务处理。《细则》明确了国债期货投资中保证金存入、提取、开仓、平仓、每日无负债结算、保证金调整以及实物交割、违约交割等各类业务的相关会计分录，并给出各分录中应计金额的计算方法。

3. 国债期货合约的估值原则。《细则》要求基金投资的国债期货合约，一般以估值当日结算价进行估值，估值当日无结算价的，且最近交易日后经济环境未发生重大变化的，采用最近交易日结算价估值。基金管理公司应在业务管理制度中进一步明确相关估值监控程序，根据市场情况建立结算价估值方法公允性的评估机制，完善相关风险监测、控制和报告机制，确保基金估值的公允、合理。

（四）政策影响

1. 有利于规范基金市场、保护基金份额持有人的合法权益。统一的国债期货投资会计核算原则使公募基金对于国债期货投资的估值更标准化，并且《细则》还要求，基金参与国债期货交易的，基金管理公司须根据有关报表列报和信息披露的规定，及时、准确、完整地编制报表，披露国债期货的交易情况，包括投资政策、持仓、损益等，使投资者能更充分地了解国债期货的投资风险。

2. 使监管机构对证券投资基金参与国债期货投资的监管更加规范。《细则》是2013年中国证券监督管理委员会发布的《公开募集证券投资基金参与国债期货交易指引》中对基金投资国债期货会计核算的有效补充，使基金在季度报告、半年度报告、年度报告和招募说明书等文件中对投资国债期货的信息披露更标准化，配合公募基金投资国债期货交易指引，标准化的信息披露使监管更为规范。

3.《细则》对于国债期货投资提供一套合理的会计核算办法，对行业内其他产品参与国债期货投资的估值处理起到可参考的指导作用。

第二节　中国保险监督管理委员会法规

一、《保险公司股权管理办法》

（一）政策名称

《保险公司股权管理办法》（保监发［2014］4号），出台时间：2014年6月1日。

（二）出台背景

股权是公司治理的基础，加强股权监管对于完善保险公司治理关系重大。为保持保险公司经营稳定，保护投资人和被保险人的合法权益，加强保险公司股权监管，中国保险监督管理委员会于2014年4月15日出台《中国保险监督管理委员会关于修改〈保险公司股权管理办法〉的决定》（保监发［2014］4号），对《保险公司股权管理办法》（以下简称《办法》）进行了修订。

（三）政策解析

1.《办法》第四条中规定："中国保监会根据坚持战略投资、优化治理结构、避免同业竞争、维护稳健发展的原则，对于满足本办法第十五条规定的主要股东，经批准，其持股比例不受前款规定的限制。"适度放宽股东的持股比例有利于吸引实力雄厚的金融战略投资者，强化股东责任，提供公司治理的效率。

2. 随着金融市场的不断发展，同一机构参股多家保险公司的情况开始出现，导致保险公司的股权关系开始复杂化，也增加了保险公司之间发生不正当同业竞争和利益输送。为防范风险，《办法》规定"两个以上的保险公司受同一机构控制或者存在控制关系的，不得经营存在利益冲突或者竞争关系的同类保险业务，中国保监会另有规定的除外"。进而约束保险公司的市场行为，保障保险市场的有序竞争。

3.《办法》要求持股20%以上股东三年内不得转让、重大变更履行及时披露义务，并特别强调对股东关联关系的监管。对于关联持股超过20%的，要求其中持股比例最高的股东必须符合相关条件，防止通过关联关系规避监管。《办法》通过对股东行为的约束禁止保险公司股东和实际控制人利用关联交易损害公司利益，提高保险体系的透明度。

（四）政策影响

1.《办法》的出台，是中国保险监督管理委员会在当前国内外新金融经济形势、我国经济发展"新常态"阶段下，加强和完善保险公司公司治理监督，切实贯彻风险防范，促进保险行业健康稳健成长的一大举措。

2.《办法》对保险公司股权监督更具系统性、指导性和操作性。对于监管层对保险公司的股权监管以及保持保险公司收入的稳定，保护保险公司投资者及被保险人的利益有着重要意义。

二、《保险资金运用管理暂行办法》

（一）政策名称

《保险资金运用管理暂行办法》（以下简称《办法》，保监会［2014］3号），出台时间：2014年5月1日。

（二）出台背景

为了规范保险资金的运用行为，防范保险资金的投资运作风险，保护保险当事人的收益，促进保险行业持续稳定地健康发展，中国保险监督管理委员会于2014年4月4日出台《中国保险监督管理委员会关于修改〈保险资金运用管理暂行办法〉的决定》，对原中国保险监督管理委员会令2010年第9号文相关条款进行了修订。

（三）政策解析

1.《办法》明确了保险资金的运用模式，要求建立委托人、托管人和受托人三方监督制衡的模式，明确组织结构与职责、资金运用流程、风险控制、监督管理等多方面的管理模式，对完善保险公司治理，加强保险资金运用风险防范有着重大意义。

2.《办法》进一步明确、细化了保险资金运用的投资范围，既允许保险资金投资于不动产、股权等新兴投资领域，但又明确禁止对创业风险投资、房地产开发等行业进行投资。这一规定进一步增加了保险资金投资的弹性，又从风险控制上保护高危区域投资者的资产安全。

3.《办法》明确了保险资金运用须建立托管制度，确保保险资金“集中管理、统一配置、专业运作”。《办法》中要求保险公司选择符合条件的商业银行等专业机构，实施保险资金运用第三方托管和监督。托管机构应确保托管的保险资产独立于托管机构固有资产，并独立于托管机构托管的其他资产。托管机制的引入提高了保险资金的操作透明度，进一步降低投资操作风险，更好地保障保管资产的安全。

（四）政策影响

《办法》的出台为进一步推进保险资金运用体制的市场化改革，提高保险资金运用效率起到规范作用，其明确了保险资金运用的原则、目的、运作模式、风险管控和监督管理。保险公司被要求应当建立健全保险资金运用的管理制度和内部控制机制，做到权责分明、相对独立和相互制衡。引入托管机制，要求托管机构对保险资金的保管、清算交割、资产估值、投资监督进行独立托管，从机制上保障保险资金的安全，并为托管行业的业务发展带来新的契机。

第三节　中国证券登记结算有限责任公司法规

一、《中国证券登记结算有限责任公司证券账户管理规则》

（一）政策名称

《中国证券登记结算有限责任公司证券账户管理规则》（中国结算发字［2014］84号），出台时间：2014年10月1日。

（二）出台背景

中国证券登记结算有限责任公司于2012年9月启动证券账户整合工作，统一账户平台于2014年“十一”期间上线。作为账户整合工作的配套制度，经中国证券监督管理委员会批准，中国证券登记结算有限责任公司发布《中国证券登记结算有限责任公司证券账户管理规则》，并于统一账户平台上线时同步实施。

（三）政策解析

1. 账户体系设置变动。第十八条“本公司设置投资者证券总账户（以下称为一码通账户）及子账户。本规则将一码通账户与子账户统称为证券账户。投资者的证券账户由一码通账户及关联的子账户共同组成。一码通账户用于汇总记载投资者各个子账户下证券持有及变动的情况，子账户用于记载投资者参与特定交易场所或用于投资特定证券品种的证券持有及变动的具体情况。一码通账户可用于记录投资者分级评价等适当性管理信息”。

2. 逐步放开一人一户限制。删除了原证券账户管理规则中的“对于同一类别和用途的证券账户，一个自然人、法人只能开立一个”的限制性规定。

（四）政策影响

根据本次修订的管理规则，中国证券登记结算有限责任公司根据三要素信息（投资者名称、证件类型、证件号码）一致原则将同一投资者子账户与新设的一码通账户建立关联关系，同一特殊机构及产品只能申请开立一个一码通账户。新账户体系通过一码通账户与子账户的关联关系可以实现“为同一投资者维护一套证券账户信息”，从而借助统一账户平台采用一套系统为不同交易场所参与方提供证券账户服务，建设以投资者为核心的多层次证券账户体系。这改变了我国资本市场后台长期以来开户三套系统相互隔离运行的状况，有效地加强了登记结算基础设施建设，提高了市场的效率。

二、《关于私募投资基金开户和结算有关问题的通知》

（一）政策名称

《关于私募投资基金开户和结算有关问题的通知》（以下简称《通知》），出台时间：2014年3月25日。

（二）出台背景

为了支持私募投资基金参与证券市场投资活动，根据《证券法》、《证券投资基金法》、中国证券监督管理委员会的有关规定，中国证券登记结算有限责任公司发布了《关于私募基金开户和结算有关问题的通知》。

（三）政策解析

1. 私募基金开立账户的规定。《通知》规定私募基金由基金管理人申请开户，有资产托管人的私募基金，也可以由资产托管人申请开户。私募基金管理人或资产托管人为私募基金开立证券账户，应直接到中登上海、深圳分公司办理。

2. 私募基金开立账户所需材料。《通知》给出了申请开立私募基金证券账户须提供的材料：包括机构证券账户注册申请表，基金业协会出具的私募基金备案相关证明文件的原件及复印件等资料。同时对有资产托管人的私募基金申请开户时还需提供包括中国证券监督管理委员会等相关主管机构关于核准该基金托管人资格的批复复印件在内的补充材料。《通知》还对再次申请开户以及私募基金存续期，名称变更等做了详细规定。

3. 监管说明。《通知》规定当发生证券账户开立后6个月内没有进行交易、私募基金终止等情形时，私募基金管理人或资产托管人应于上述情形发生后15个工作日内办理证券账户注销手续；未按要求注销证券账户的，登记公司有权注销或限制该账户的使用。《通知》还要求私募基金管理人应加强自律，不得为专门申购新股、炒作风险警示股票（ST股）的私募基金申请开立证券账户。

4. 结算模式。《通知》规定私募基金可采用证券公司结算模式或托管人结算模式。证券公司结算模式是由证券公司通过其在本公司开立的客户结算备付金账户，完成包括私募基金在内的全部客户证券交易的资金结算。托管人结算模式是由托管人通过其以自身名义在本公司开立的托管结算备付金账户，完成其所托管的私募基金等产品证券交易的资金结算。私募基金交易采用托管人结算模式的，须使用专用交易单元并事先获得交易所的书面同意。同时，托管人必须事先与本公司签订相关证券资金结算协议，对多边净额结算业务承担最终交收责任。对于同一托管人负责结算的、同一家管理人的多个产品，托管人可以共用同一专用交易单元进行交易清算，并自行办理各产品证券交易的明细结算。

（四）政策影响

1. 私募投资基金直接以产品开户入市后将有利于促进私募投资基金行业规范发展，也有利于多层次资本市场健康发展。

2. 私募投资基金直接以产品开户入市后必定会加剧市场的竞争，对资本市场起到一定刺激作用。

三、《关于调整证券账户业务收费标准的通知》

（一）政策名称

《关于调整证券账户业务收费标准的通知》（以下简称《通知》），出台时间：2014年10月1日。

（二）出台背景

配合统一账户平台上线，中国证券登记结算有限责任公司全面统一不同市场账户业务细节性要求，包括统一证券账户业务收费标准。

（三）政策解析

1. 减少账户业务收费项目。第一条：“收费项目由证券账户开立、证券账户注册资料变更、证券账户补办、证券账户合并、挂失转户、证券账户注销、股东账户卡工本费七项调整为证券账户开立、账户注册资料变更及账户注销三项。”

2. 统一并降低账户业务收费标准。第二条：“沪深A股账户的开户费用，由个人90元、机构900元调整为个人40元、机构400元，账户注册资料变更及账户注销业务暂免收费。”

（四）政策影响

根据《通知》，中国证券登记结算有限责任公司减少账户业务收费项目，统一并大幅降低投资者开户费用，进一步降低市场成本。

四、《中国证券登记结算有限责任公司证券账户业务指南》

（一）政策名称

《中国证券登记结算有限责任公司证券账户业务指南》，出台时间：2014年10月1日。

（二）出台背景

《中国证券登记结算有限责任公司证券账户业务指南》的出台

是为落实修订后的《证券账户管理规则》。该《指南》自2014年10月1日统一账户平台上线与《证券账户管理规则》同步实施，《中国结算上海分公司证券账户管理业务指南》、《中国证券登记结算有限责任公司深圳分公司证券账户管理业务指南》同步废止。

（三）政策解析

1. 统一账户业务受理时间。“1.13除因系统升级维护等特殊情况外，中国证券登记结算有限责任公司统一账户平台对外服务时间为每个自然日9:00~17:00”。“1.14中国结算北京、上海或深圳分公司柜台受理账户业务的时间为周一至周五（休市日除外）9:00~11:30，13:30~15:00”。

2. 逐步放开一人一户限制。“2.1.2机构投资者可以开立多个证券子账户。自然人投资者除参与港股通交易可以开立多个沪市A股账户外，同一类别和用途的证券账户只能开立一个”。在现行对证券公司、证券投资基金等特殊机构放开一人一户限制基础上，在统一账户平台上线初期将放开范围逐步扩大到普通机构投资者和因沪港通交易需要的个人投资者，下一步再择机全面放开一人一户限制。

3. 统一账户开立、注销生效时间。“2.5.1证券账户开立后的次一交易日可用于申报证券交易及非交易业务”。“5.4.1证券账户注销在统一账户平台实时生效”。

4. 第九章明确了证券账户关联关系确认的原则、申请材料及业务流程，实现为同一投资者维护一套证券账户信息，建设以投资者为核心的多层次证券账户体系。

（四）政策影响

作为统一账户平台的配套制度，《中国证券登记结算有限责任公司证券账户业务指南》落实了《中国证券登记结算有限责任公司证券账户管理规则》，规范了不同市场的证券账户业务，推进了证券账户整合工作，标志着不同市场证券账户业务的全面统一。

五、《特殊机构及产品证券账户业务指南》

（一）政策名称

《特殊机构及产品证券账户业务指南》（中国结算发字［2014］97号），出台时间：2014年10月1日。

（二）出台背景

《特殊机构及产品证券账户业务指南》的出台是为落实修订后的《证券账户管理规则》。该《指南》自2014年10月1日统一账户平台上线与《证券账户管理规则》同步实施，《中国结算上海分公司特殊法人机构证券账户开户业务指南》、《中国结算深圳分公司特殊投资者证券账户业务指南》同步废止。

（三）政策解析

1. 统一规范不同类型资产证券账户开立业务的开户主体及申请材料；证券账户信息查询业务、信息变更业务、注销业务，休眠账户激活业务，证券账户关联关系维护等其他账户业务的受理机构及申请材料等。

2. 统一中国证券登记结算有限责任公司柜台账户业务。中国证券登记结算有限责任公司打通京、沪、深三地账户业务柜台，实现通柜受理各市场账户业务。

3. 业务办理渠道多元化。指南中“1.13特殊机构及产品根据中国结算有关规定申请成为中国结算网站用户，开通网络服务功能的，中国结算将为其开立网站用户，开通网络服务功能，并根据其意愿发放中国结算数字证书”。

（四）政策影响

《中国结算上海分公司特殊法人机构证券账户开户业务指南》、《中国结算深圳分公司特殊投资者证券账户业务指南》的废止，《特殊机构及产品证券账户业务指南》的实施，标志着不同市场证券账户业务的全面统一。在“一套规则和一套指南”的原则下，中国证券登记结算有限责任公司全面统一不同市场账户业务细节性要求，打通京、沪、深三地账户业务柜台，实现通柜受理各市场账户业务，避免了之前不同市场账户业务由于规则不一致、受理地点不一致等带来的不便，简化了账户业务流程，降低了账户业务成本，提高了账户业务的办理效率。

六、《质押证券处置过户业务指引》

（一）政策名称

《质押证券处置过户业务指引》，出台时间：2014年9月12日。

（二）出台背景

为配合证券市场发展要求，完善质物处置机制，规范质押证券处置过户业务，根据《证券法》、《物权法》、《担保法》等法律法规和部门规章的规定，中国证券登记结算公司制定了《质押证券处置过户业务指引》。

（三）政策解析

1. 含义。质押证券处置过户业务，是指债务人不履行到期债务或者发生当事人约定的实现质权的情形时，质押双方根据质押证券处置协议约定，向中国证券登记结算公司申请以质押证券转让抵偿质权人的业务。

2. 适用范围。本指引适用于质押登记生效1年以上（含）的无限售流通股或流通债券、基金（限于证券交易所场内登记的份额）等流通证券的处置过户业务，被司法冻结的上述质押证券或董事、监事、高级管理人员持有的在股份锁定期内的质押证券除外。证券质押式回购、交收担保品业务等涉及的质押证券处置过户适用本指引。

3. 信息披露。质押双方申请办理质押证券处置过户业务的行为触发信息披露义务的，有关信息披露义务人应当按照法律、行政法规、部门规章以及证券交易所、全国中小企业股份转让系统规则等相关规定及时履行信息披露义务。质押双方应当在相关信息披露程序履行完成后，再向本公司申请办理质押证券处置过户业务。

4. 处置价格。《指引》规定：以质押证券转让抵偿质权人应当参照市场价格，处置价格不应低于质押证券处置协议签署日前二十个交易日该证券收盘价的平均价的90%。

5. 办理所需材料和方式。质押证券处置过户业务通过中国证券登记结算公司柜台办理。办理时需提供质押证券处置过户申请，质押证券处置协议原件，证券质押登记证明原件，本次质押证券处置过户的公告（如有），质押双方有效身份证明文件及复印件。

6. 对涉及要约收购的规定。根据《上市公司收购管理办法》的规定，质押双方申请办理质押证券处置过户业务的行为触发要约收购义务的，应按照《上市公司收购管理办法》等规定履行相关手续后，再向中国证券登记结算公司申请办理质押证券处置过户业务。

7. 对境外投资者的要求。质押双方申请办理质押证券处置过户业务时，如过入方为境外投资者且未开立证券账户的，该投资者应直接向中国证券登记结算公司申请开立证券账户，并承诺所开证券账户只用于处置在质押证券处置过户业务中受让的证券，不进行其他证券买卖（法律法规另有规定除外）。

8. 费用的规定。质押双方申请办理质押证券处置过户业务，应按照中国证券登记结算公司非交易过户业务相关规定缴纳过户登记手续费，并按照国家有关规定缴纳证券交易印花税。

9. 司法执行的说明。对质押双方提交的申请材料审核通过后办理质押证券的过户登记手续。按国家有关法律法规的规定，因司法执行等情形导致申请过户的质押证券数量不足，过户登记处理失败。

（四）政策影响

1.《质押证券处置过户业务指引》对债务人不履行到期债务或者发生当事人约定的实现质权处理，提供了完善的处理流程，并对适用范围、费用、所需材料给出了详细的说明，完善了证券处置过户处理机制，给质押双方处理质押债券提供了流程和依据。

2.《质押证券处置过户业务指引》的出台，完善了质物处置机制，规范了质押证券处置过户业务，促进了金融市场的健康发展。

七、《证券质押登记状态调整业务指引》

（一）政策名称

《证券质押登记状态调整业务指引》，出台时间：2014年1月30日。

（二）出台背景

为配合证券市场发展要求，完善质物处路机制，规范证券质押登记状态调整业务，根据《物权法》、《担保法》等法律法规和部门规章的规定，中国证券登记结算公司制定了《证券质押登记状态调整业务指引》（以下简称《指引》）。

（三）政策解析

1.《指引》含义。《指引》所称的证券质押登记状态调整业务，是指债务人不履行到期债务或者发生当事人约定的实现质权的情形时，质押当事人根据办理证券质押登记业务时提交的质押合同或另行签订的质押证券处路协议的约定，向中国证券登记结算公司申请将证券质押登记状态从“不可卖出质押登记”调整为“可以卖出质押登记”的业务。

2. 适用范围。适用于办理无限售流通股或流通债券、基金（限于证券交易所场内登记的份额）等流通证券的质押登记状态调整业务，被司法冻结的上述质押证券除外。股票质押式回购交易涉及的证券质押登记状态调整按照本公司相关业务规定办理。

3. 办理方式。《指引》提供了办理方式，即证券质押登记状态调整业务可以由质押双方或质权人单方申请办理。对于质押合同中需要约定的内容，《指引》也给出了明确的规定。

4. 所需提供材料。《指引》给出了需要提供的材料，包括申请表、质押合同或质押证券处路协议、登记证明、身份证原件及复印件等相关内容。

5. 办理地点。《指引》指出可以选择到柜台或者通过远程电子化申报方式办理证券质押登记状态调整业务，也可通过具有证券质押登记业务代理资格的证券公司进行申报。选择通过证券公司进行申报的，质押证券应托管在该证券公司。

6. 生效后证券处置方式。《指引》指出证券质押登记状态调整生效后，根据质押合同或质押证券处路协议的相关约定，可由出质人自行卖出质押证券并向质权人划付处路所得资金，质押双方也可委托证券公司作为第三方协助卖出质押证券并向质权人划付处路所得资金。质押双方委托证券公司作为第三方协助卖出质押证券并向质权人划付处路所得资金的，应当事先与证券公司签订三方协议，并约定了协议内容。

7. 自行卖出证券的权责。出质人自行卖出质押证券的，应于卖出当日及时向证券公司申报卖出证券有关数据信息。出质人未及时申报或申报数据信息存在错误的，应自行承担全部责任。

（四）政策影响

1.《证券质押登记状态调整业务指引》的出台，完善了证券质押登记状态从“不可卖出质押登记”调整为“可以卖出质押登记”的申请流程，给质押当事人处置因不履约质押的债券提供了便利，今后债券市场违约有了完善的处理指引，便于投资机构实际操作。

2.《证券质押登记状态调整业务指引》从法律角度对质押登记状态从“不可卖出质押登记”调整为“可以卖出质押登记”进行了规范，降低了市场投资风险，对金融市场的健康发展起到了很好的推动作用。

八、《中国证券登记结算有限责任公司结算参与人管理规则（2014 年修订版）》

（一）政策名称

《中国证券登记结算有限责任公司结算参与人管理规则（2014 年修订版）》（中国结算发字［2014］28 号），出台时间：

2014年5月5日。

（二）出台背景

为进一步规范结算参与人的结算业务行为，加强对结算参与人的管理和服务，中国证券登记结算公司对《中国证券登记结算有限责任公司结算参与人管理规则（2007年修订版）》进行了修订，制订了《中国证券登记结算有限责任公司结算参与人管理规则（2014年修订版）》。

（三）政策解析

1. 在《中国证券登记结算有限责任公司结算参与人管理规则（2007年修订版）》的基础上新增了总则章节，总则对制定管理规则原因，结算参与人的种类等进行了说明。

2. 在资格管理章节，新增了对参与多边净额担保结算的条件约定，以及所需递交的材料说明。

3. 《中国证券登记结算有限责任公司结算参与人管理规则（2014 年修订版）》新增了自律管理章节，对违反规则的提出了惩处措施。

4. 风险管理章节，增加了评级管理，对于多边净额担保结算业务开展情况、行业资质、财务状况等方面进行结算业务综合评价，评价结果分为 A（优秀）、B（良好）、C（重点关注）三类。同时，证券公司类结算参与人新增定期以电子方式向中国证券登记结算公司提交按照监管部门要求进行风险控制指标压力测试的结果。

（四）政策影响

1.《中国证券登记结算有限责任公司结算参与人管理规则（2014年修订版）》的出台，修正了《中国证券登记结算有限责任公司结算参与人管理规则（2007年修订版）》的一些问题，新增了2007—2014年的新业务，适应了市场的发展。

2.《中国证券登记结算有限责任公司结算参与人管理规则（2014年修订版）》对多边净额担保结算进行了规范，避免了因规则空缺造成的结算风险。

九、《中国结算北京分公司证券资金结算业务指南》

（一）政策名称

《中国结算北京分公司证券资金结算业务指南》，出台时间：2014年4月30日。

（二）出台背景

为规范全国中小企业股份转让系统股票转让的登记结算业务，中国证券登记结算公司根据《中国证券登记结算有限责任公司关于全国中小企业股份转让系统登记结算业务实施细则》等相关规定，制定了《中国结算北京分公司证券资金结算业务指南》（以下简称《指南》）。

（三）政策解析

1. 结算参与人管理。《指南》明确了结算参与人申请开通、变更、注销结算业务所需的业务流程和提供的文件资料。并对结算路径，证券公司集体转托管进行了约定。

2. 清算交收及违约处理。清算方面包括：分别多边净额结算和逐笔全额结算。《指南》对这两种结算的结算方式等进行了说明。

3. 交收。《指南》对资金交收时点、顺序、注意事项进行了说明。

4. 资金划拨。《指南》主要提示了资金划拨的注意事项，包括尚未支付金额的计算方法、可提款金额的计算方法、资金账户余额查询的方式方法等。

5. 违约处理。分为股票交收违约处理和资金交收违约处理。其中股票违约处理是指T日日终，结算参与人未能足额履行多边净额结算股票交付义务。资金交收违约是指在最终交收时点未履行资金交收义务，出现结算备付金透支。《指南》对这两种违约的处理方式都做了详细的说明。

6. 其他业务的资金结算。《指南》对包括权益分派业务，季度结息，统一账户平台人民币开户费结算，客户、自营结算备付金账户资金调整在内的资金业务的时间和方式都做了明确的约定。

7. 风险管理。《指南》对备付金及结算保证金最低限额以及计算方式进行了说明，并设置了关联交收。另外《指南》还规定，中国证券登记结算公司会对结算参与人违反结算业务规则或存在风险隐患的行为进行监测和记录。

（四）政策影响

1.《中国结算北京分公司证券资金结算业务指南》的出台规范全国中小企业股份转让系统股票转让的登记结算业务。

2.《中国结算北京分公司证券资金结算业务指南》对股票转让的处理方式、资金划拨、违约处理都给出了详细的说明，作为今后中登北京的业务指南有着非常重要的参考和指导作用，中登北京的结算业务都要以此为参考依据。

十、《沪港股票市场交易互联互通机制试点登记、存管、结算业务实施细则》

（一）政策名称

《沪港股票市场交易互联互通机制试点登记、存管、结算业务实施细则》，出台时间：2014年9月26日。

（二）出台背景

为规范沪港股票市场交易互联互通机制登记、存管、结算业务，经中国证券监督管理委员会批准，中国证券登记结算公司制定了《沪港股票市场交易互联互通机制试点登记、存管、结算业务实施细则》。

（三）政策解析

1. 总则。总则阐述了制定本《细则》的原因，并说明《细则》中未作规定的，参照中国证券登记结算公司其他业务规则办理。香港中央结算有限公司与中国证券登记结算公司签订协议，双方按照协议及各自业务规则，办理沪港通相关登记、存管、结算业务。其中中国证券登记结算公司在沪港通业务中实行自律管理。

2. 沪股通业务。《细则》给出了申请成为结算参与人所需的材料，并规定香港结算以“香港中央结算有限公司”名称在中国证券登记结算公司开立沪市人民币普通股票账户，作为名义持有人持有境外投资者通过沪股通取得的证券。其中证券存管在中国证券登记结算公司，登记在上海证券交易所登记的股东名册。《细则》还对非交易过户业务，结算保证金，违约交收，资料保存做了明确规定。

3. 港股通业务—账户设置。《细则》指出：中国证券登记结算公司在香港结算开立证券账户，作为名义持有人持有港股通投资者取得的证券，并用于与香港结算进行证券交收。港股通投资者应当通过沪市人民币普通股票账户进行港股通交易。

4. 港股通业务—存管与托管。《细则》指出港股通投资者参与港股通交易，应当与境内证券公司签订港股交易及托管协议，将取得的证券托管于境内证券公司，由其承担相应的证券托管责任。境内证券公司再将自身或其客户通过港股通取得的证券交由中国证券登记结算公司存管。中国证券登记结算公司作为名义持有人，将港股通投资者取得的证券以中国证券结算公司名义存管在香港结算，以香港中央结算（代理人）有限公司的名义登记于联交所上市公司的股东名册。《细则》还对非交易过户等进行了说明。

5. 名义持有人服务。《细则》明确中国证券登记结算公司作为名义持有人，通过境内结算参与人为港股通投资者提供名义持有人服务。提供包括现金红利派发、送股在内的多项服务。《细则》还规定对特殊情况获得的非港股通股票证券的处置要求。另外对港股通投资者的投票权和公司收购业务也进行了约定。

6. 清算交收。

（1）交易对手方。《细则》指出中国证券登记结算公司作为香港结算的结算机构参与者，按照其业务规则，根据其提供的清算数据，接受上交所证券交易服务公司的指定，与香港结算完成证券和资金的交收，向其承担交收责任。同时中国证券登记结算公司作为境内结算参与人的共同对手方，为港股通交易提供多边净额结算服务。

（2）未履约处理。《细则》指出因香港结算出现违约或发生破产等原因，而导致其未全部履行对交收义务的，中国证券登记结算公司将已从香港结算收到的证券和资金按比例分配给境内结算参与人；对于未收到的证券和资金，中国证券登记结算公司的责任仅限于依据香港相关法律程序，协助境内结算参与人向香港结算追索，追回的证券和资金按比例分配给受损失的境内结算参与人。

（3）证券和资金结算原则。《细则》指出中国证券登记结算公司负责办理与境内结算参与人之间证券和资金的清算交收，境内结算参与人应当就交易达成时确定由其承担的交收义务对中国证券登记结算公司履行最终交收责任。境内结算参与人负责办理与港股通投资者之间证券和资金的清算交收。境内结算参与人与港股通投资者之间的证券划付，应当委托中国证券登记结算公司办理。除风险管理业务以人民币为结算货币外，本公司与香港结算之间的其他业务以香港结算确定的币种为结算货币。本公司与境内结算参与人之间以人民币为结算货币。

境内结算参与人应当向中国证券登记结算公司申请分别开立客户和自营港股通结算备付金账户，用于港股通业务的资金结算。境内结算参与人自营及客户港股通结算备付金账户无须缴纳最低结算备付金。中国证券登记结算公司从结算银行和香港结算收到利息后，对各境内结算参与人依据其港股通相应资金账户计息周期内的积数进行利息分派。同时中国证券登记结算公司对数据发送时间、日期以及市值计算等给出了明确的说明。

（4）假期和特殊交收。港股通业务的交收日历安排，由本公司结合香港结算的交收日历和上交所的港股通交易日历，以及资金汇划、风险管理等因素确定并提前公布。香港结算因风球、黑色暴雨天气等原因，临时作出特殊交收安排的，本公司视情况进行处理并及时通知境内结算参与人。

7. 风险管理。《细则》指出按照“两地市场结算风险相对隔离、互不传递”的原则，境内结算参与人无须缴纳香港结算具有互保功能的保证基金，不分担香港结算的参与人在联交所市场发生违约可能产生的损失。境内结算参与人要依据《细则》的规定，制订完善的风险控制制度。对存在未了结业务的证券账户，境内证券公司应当限制其撤销指定交易。

8. 结算银行管理。结算银行申请开展港股通资金跨境结算业务的应当具有包括已根据《结算银行证券资金结算业务管理办法》要求取得本公司结算银行资格，且可为本公司所有结算参与人提供结算服务；在上海和香港均设有符合当地监管要求的分支机构；具有人民币和外汇相关的所有业务资格，且经营时间不少于五年在内的十项条件以及申请报表，授信额度承诺函在内的五项申请材料。

（四）政策解析

1.《沪港股票市场交易互联互通机制试点登记、存管、结算业务实施细则》是2014年出台的最权威最全面的关于沪港通业务的说明。说明对沪港通的登记、存管、结算等各个方面都有着详尽的解释。对投资者、托管行、代理机构都有着重要的指导意义，所有的参与人都要以此为依据，开展沪港通业务。

2.《细则》的公布代表着沪港通业务的推出已成定局，从登记、存管到结算都已经最终敲定。伴随着沪港通的推出，我国资本市场的综合实力必定会有所增强，两地投资者有了更好的投资渠道。

3.《细则》的公布也标志着除QDII和QFII外，我们有了新的对外窗口，这也有利于推动人民币国际化，支持香港发展成为离岸人民币中心。

第四节 其他监管机构法规

一、《关于企业年金基金股权和优先股投资试点的通知》

（一）政策名称

《人力资源和社会保障部关于企业年金基金股权和优先股投资试点的通知》（人社部发［2014］64号，以下简称《通知》），出台时间：2014年9月23日。

（二）出台背景

为促进年金市场健康发展，实现企业年金基金资产长期稳定收益，人力资源和社会保障部根据11号令有关规定，经研究并会商中国银行业监督管理委员会、中国证券监督管理委员会、中国保险监督管理委员会同意，决定进行企业年金基金股权和优先股投资试点。

（三）政策解析

1.《通知》中在试点范围及投资方式中规定两类产品：股权试点（中石化销售公司股权项目）和优先股试点（铁路发展基金优先股项目）。

2.《通知》中规定了股权投资和优先股投资按照股票专项型养老金产品进行管理，并提出投资比例的具体要求。如“与投资股票等权益类产品及股票基金、混合基金投连产品的比例合计不高于年金资产净值的30%；投资于同一项目的股权型和优先股型养老金产品不高于年金基金资产净值的10%”。

3.《通知》中规定了投资收益的保证措施：股权型养老金产品投资的股权项目上市前每年现金分红的比例应不低于当年可供分配利润的一定比例；优先股型养老金产品应根据投资双方协商确定的投资回报水平，取得固定税后分红。

4.《通知》中规定了转让与退出机制：股权型养老金产品投资中石化销售公司股权项目，如三年内上市未果，中石化集团公司应回购或安排有能力的第三方回购养老金产品持有的股权；优先股型养老金产品投资铁路发展基金优先股项目，投资者出资到位一年后可依法转让，铁路发展基金15年存续期满，中国铁路总公司应按原始投资额以现金方式回购。

5.《通知》中规定了核算估值的具体方法：股权型养老金产品在股权上市前，按公允价值计价估值；在股权上市后，按照企业年金资金投资有价证券的相关政策估值；以结构化优先级方式投资的，按成本计价估值。优先股型养老金产品，按成本计价估值。

（四）政策影响

1.《通知》中的试点选择了中石化销售板块重组和铁路发展基金，均为大型国企的优质项目，预期收益较好，对投资也有回购承诺，能够保证企业年金的流动性。试点工作不仅对完善企业年金基金投资政策、拓宽投资渠道起到积极的作用，而且对于配合新一轮的国企改革、丰富融资渠道、助推资本市场发展等方面，也有重要意义。

2. 启动企业年金基金进行股权和优先股投资试点的目的，主要是落实党的十八届三中全会关于积极发展混合所有制经济，引入社会和民营资本参股的要求，并借此扩大企业年金基金的投资范围，改善投资效率，提高投资收益，分享国企改革的发展红利。

二、《关于进一步做好企业年金方案备案工作的意见》

（一）政策名称

《关于进一步做好企业年金方案备案工作的意见》（人社厅发［2014］60号，以下简称《意见》），出台时间：2014年5月16日。

（二）出台背景

为贯彻落实党的十八届三中全会决定关于加快发展企业年金、构建多层次社会保障体系的要求，推动用人单位按照国家有关规定建立企业年金，解决目前企业年金方案备案工作中存在的格式不统一、重点内容审核要求不一致、缴费证明出具不规范等问题，不断提高企业年金方案备案工作效率和管理水平，人力资源和社会保障部出台该意见。

（三）政策解析

1.《意见》明确了企业年金方案备案地：中央所属大型企业在人力资源和社会保障部备案，其他跨省（自治区、直辖市）企业在总部所在地省级人力资源和社会保障部门备案，省（自治区、直辖市）内跨地区企业在总部所在地地市级以上人力资源和社会保障部门备案。

2.《意见》对企业年金方案审核中的参加人数、用人单位和个人缴费进行了明确规定，以保证企业年金的公平性。

3.《意见》中提供了实施统一的企业年金方案范本和企业年金方案实施细则，规范了企业年金方案备案材料，明确了基本养老保险缴费证明的具体材料，保证了年金的规范化、标准化。

4.《意见》要求加大企业年金方案备案工作指导力度和建立健全企业年金方案备案工作廉政风险防控机制，从而可以提高政府工作质量，把控风险点，明确相关责任。

（四）政策影响

《意见》的出台为解决目前企业年金方案制订中所遇到的公平和效率问题提供参考范本。对政策执行过程做了详细要求，对规范年金业务备案等程序具有很大帮助。本《意见》对公众监督政府单位，公开透明地推动企业年金业务起到了积极推进作用。

三、《关于开展社会保险基金安全评估试点的通知》

（一）政策名称

《人力资源和社会保障部关于开展社会保险基金安全评估试点的通知》（人社部发［2014］66号，以下简称《通知》），出台时间：2014年9月22日。

（二）出台背景

社会保险基金是重要的社会公共资金，基金安全直接关系人民群众切身利益和社会保险事业持续健康发展。为进一步加强对基金安全状况的监测，增强政策制定、经办管理和基金监督的预见性和针对性，更好地防范和化解基金风险，提高监管效能，人力资源和社会保障部决定开展基金安全评估试点工作。

（三）政策解析

1.《通知》规定试点地区可先行将企业职工基本养老保险基金、城镇职工基本医疗保险基金、失业保险基金、工伤保险基金作为评估对象，有条件的地区可以将其他社会保险基金纳入评估范围。

2.《通知》中评估内容包括基金运行状况和风险管控两个方面，一是基金运行状况。主要评估基金支撑能力和资产管理质量。其中：基金支撑能力主要评估基金收入质量、收支匹配程度以及基金结余状况等；资产管理质量主要评估基金资产的安全性、收益性和流动性等。二是基金风险管控状况。主要评估经办机构内部控制情况和评估期内基金违法违规情况等。

3.《通知》中资产管理质量评估包括基金风险存款比重、基金收益率、基金流动资产保障比等指标，其中基金流动资产保障比指标用于衡量资产流动性管理能力和可能存在的流动性风险。

4.《通知》中明确了对于基金安全评估结果的运用主要涉及三个方面：建立评估结果通报机制、实施分类监管和加强基金安全形势分析。

（四）政策影响

《通知》中着重对于资产质量进行评估，意味着政府将衡量社会保险基金保值增值这一长期难题。根据基金安全评估结果，可以深入分析影响基金安全的主要因素及风险动态走向，找准问题症结，提出整改措施，及时整改处理，促进完善制度。

四、《关于完善银行理财业务组织管理体系有关事项的通知》

（一）政策名称

《关于完善银行理财业务组织管理体系有关事项的通知》（银

监发［2014］35号，以下简称《通知》），出台时间：2014年7月11日。

（二）出台背景

随着我国进入泛资管时代，银行理财产品近几年发展快速，成为资管产品中的重要品种。商业银行理财业务快速发展的同时，也出现诸如误导销售、信息披露不充分、理财资金与银行自营资金没有完全分离等问题。为了加强业务监管，更好地发挥银行理财产品的积极作用，做好理财业务的风险隔离，促进理财业务的健康稳定发展，中国银行业监督管理委员会出台了《通知》，提出了对银行理财业务组织管理的要求。

（三）政策解析

《通知》旨在要求银行业金融机构完善理财业务的内部组织管理体系，设立理财业务经营部门，负责集中统一经营管理全行理财业务，并按照“单独核算、风险隔离、行为规范、归口管理”四项基本要求规范开展理财业务，防范理财业务的风险积累。

1. 明确理财业务事业部制改革是要求银行设立专门的理财业务经营部门，负责集中统一经营管理全行理财业务。

2. 明确四项基本要求的具体内涵，尤其强化了理财业务的风险隔离管理，明确要求:（1）理财业务与信贷等其他业务相分离，建立符合理财业务特点的独立条线风险控制体系；（2）自营业务与代客业务相分离；（3）银行理财产品与银行代销的第三方机构理财产品相分离；（4）银行理财产品之间相分离；（5）理财业务操作与银行其他业务操作相分离。

3. 明确按照法人属地监管原则推动银行理财业务事业部制改革。

4. 要求银行应严格区分客户类型，进行理财产品销售的分类管理，体现风险匹配原则。

5. 明确将银行理财业务运营情况的年度监管评估结果纳入对银

行的年度监管评价，作为机构监管评级的重要依据。

6. 明确银行进行事业部制改革的时间进度。

（四）政策影响

《通知》的实施有助于进一步加强对商业银行理财业务的监督管理，促进商业银行理财业务的健康持续发展，推动商业银行理财业务回归本质，更好地在“栅栏”原则下实现风险隔离，切实规范银行理财产品的销售、投资和经营行为；更加有效地服务于客户财富的保值增值，切实保护投资者利益。

1. 通过设立单独的理财业务监管部门，一方面可以规范理财产品业务发展，提高精细化管理水平，防范资金池非标债权风险；另一方面可以提高银行业金融机构服务水平，推进银行业金融机构服务化改革。

2. 中国银行业监督管理委员会通过推动理财业务治理改革，能够还原理财业务的代客理财本质，强调在买者有责基础上的买者自负，打破银行理财产品“刚性兑付”，更好地保障理财消费者权益，推动业务有序发展。

五、《关于规范商业银行同业业务治理的通知》

（一）政策名称

《关于规范商业银行同业业务治理的通知》（银监办发［2014］40号，以下简称《通知》），出台时间：2014年5月8日。

（二）出台背景

随着我国金融改革的全面推进，金融机构同业业务创新活跃、发展较快，在便利流动性管理、优化金融资源配置、服务实体经济发展等方面发挥了重要作用，但也同时存在部分业务发展不规范、规避金融监管等问题，为进一步明确商业银行同业业务治理的规范性要求，中国银行业监督管理委员会发布《关于规范商业银行同业业务治理的通知》（银监办发［2014］40号），《通知》与人民银行牵头发布的《关于规范金融机构同业业务的通知》（银发［2014］127号）相配套，旨在促进银行机构提高同业业务治理水平，从“强管理”、“控风险”、“回本质”三个方面进行规范银行同业业务。

（三）政策解析

《通知》主要包括以下五个方面内容：

1. 明确适用业务范围和机构范围。《通知》适用于我国境内依法设立的商业银行与金融机构之间开展的以投融资为核心的各项同业业务。商业银行以外的其他银行业金融机构参照执行。根据《通知》，同业业务是指金融机构之间开展的以投融资为核心的各项业务，主要包括同业拆借、同业存款、同业借款、同业代付、买入返售（卖出回购）、同业投资业务。金融机构开展的以投融资为核心的同业业务，应当按照各项交易的业务实质归入上述基本类型，并针对不同类型同业业务实施分类管理。

2. 明确商业银行同业业务治理的总体要求和专营部门制的具体要求。《通知》要求商业银行同业业务专营部门之外的其他部门和分支机构不得经营同业业务。

3. 明确商业银行法人总部的职责。《通知》要求商业银行的法人总部对同业业务专营部门进行集中统一授权、专营部门不得转授权；法人总部对表内外同业业务进行集中统一授信；法人总部对交易对手进行集中统一的名单制管理。

4. 明确商业银行专营部门制改革的工作任务。商业银行应于2014年9月底前实现全部同业业务的专营部门制；监管机构要按照职责分工推动商业银行专营部门制改革。

5. 明确违规处罚要求。商业银行违反《通知》规定开展同业业务的，监管机构将按照违反审慎经营规则进行查处。

（四）政策影响

《通知》对商业银行的主要影响包括：

1. 要求商业银行法人总部建立或指定专营部门负责经营同业业务，专营部门以外的其他部门和分支机构不得经营同业业务，已开展的存量同业业务到期结清；不得在金融交易市场单独立户，已开立账户的不得叙做业务，并在存量业务到期后立即销户。

2. 商业银行同业业务专营部门对不能通过电子化交易的同业业务，可以委托其他部门或分支机构代理部分操作性事项，但是同业业务专营部门需对交易对手、金额、期限、定价、合同进行逐笔审批，并集中进行会计处理，全权承担风险责任。

3. 对于商业银行作为管理人的特殊目的载体与该商业银行开展的同业业务，应按照代客与自营业务相分离的原则，在系统、人员、制度等方面严格保持独立性，避免利益输送等违规内部交易。

第五章　托管银行业务特点

第一节　中国工商银行

2014年，中国工商银行在利率市场化、人民币国际化步伐进一步加快的背景下，把握市场机遇与政策红利，积极推进产品与服务创新，稳步扩大托管规模，努力提升服务质量。2014年末，中国工商银行托管资产总规模突破5.8万亿元，同比增长26.3%，稳居国内第一大托管银行领先地位。蝉联《全球托管人》、《环球金融》和《财资》等权威财经媒体颁发的4项中国最佳托管银行奖项，累计获奖达45项，品牌影响力持续提升。

一、抓住市场机遇，强化产品营销，创新成果显著

2014年，中国工商银行强化市场营销力度，主要托管品种领跑同业，其中证券投资基金托管规模突破1.1万亿元，银行理财托管规模突破1.2万亿元，企业年金托管规模突破3 000亿元。中国工商银行坚持“强强联合、共谋发展”的营销策略和“适应需求、关注创新”的产品策略，大力拓展创新领域，跟踪互联网金融、混合所有制改革、上市公司员工持股及新三板等市场新动态，先后托管华夏财富宝、汇添富现金宝等多只互联网货币基金及南方新浪大数据指数基金，与嘉实基金合作市场首只混合所有制改革类基金，与汇添富基金合作市场首只并购重组概念基金，与九泰基金合作市场首只新三板主题基金，成功中标中国移动、首都机场、中国再保险、中铁九局等企业年金基金托管资格，托管多只创新型养老金产品。

二、以RQFII为抓手，搭建托管网络，布局全球托管

2014年，中国工商银行加快构建全球资产托管网络，集团内境外机构提供的托管服务已覆盖亚洲、北美以及南美地区。在保持QFII、QDII市场领先优势的同时，分别与新加坡、巴黎和首尔分行联合举办QFII&RQFII论坛，向200多家新加坡金融机构、150多家欧洲金融机构和100多家韩国金融机构宣传并推介RQFII托管服务，2014年末， RQFII资产托管规模达到331亿元，实现飞跃式增长。此外，中国工商银行深入研究“沪港通”政策，与南方基金合作托管国内首只以沪港通方式投资香港市场的公募基金产品，产生极强的市场示范效应。

三、加大研发力度，加强风险管理，推动业务发展

2014年，中国工商银行持续推进系统平台建设和托管营运规范，强化风险管理，提升营运效率，有力地保障业务平稳运行。一是在行业内率先推出股指期货、商品期货、国债期货托管系统，为开拓金融衍生品托管业务奠定基础；率先投产全球投资托管服务系统、独家推出境外ESCROW托管系统、投产境外托管网银客户服务平台，为搭建全球托管服务网络提供有力支撑。二是完善增值服务，完成新三板证券信息、中证指数平台升级、养老金产品信息、股票分类信息、标普全球资讯项目投产。三是加强全行风险管控，根据全球系统重要性（GSIFI）评估要求，制订托管业务恢复与处置计划；严格执行交易监督，投产QDII产品监督系统，开办证券投资基金、保险资产、企业年金等主要托管产品的专项监督和大客户监督服务。

第二节　中国农业银行

2014年，中国农业银行托管业务加快经营转型，注重营销维护，着力业务创新，强化内部管理，提高服务能力，继续保持行

业领先水平。资产托管规模增长较快，总规模达到4.96万亿元，较年初增长38.43%，其中保险资产托管规模1.93万亿元，较年初增长12.87%，保持业内最大保险资产托管银行地位。中国农业银行被中央国债登记结算有限责任公司评为“2014年度中国债券市场优秀成员奖”。

一、市场拓展取得新收获

中国农业银行依托综合金融服务平台，着眼机制与市场并举，坚持营销与维护并重，创新产品和服务并行，充分发挥“总对总”营销平台作用，在市场拓展方面取得较好成效。充分挖掘与优质基金公司的合作潜力，强化对特色基金公司专项营销。注重托管业务多元化发展，深化与金融同业的战略合作关系，营销了国家开发银行等大型资产证券化项目，开拓了贫困地区发展产业基金以及重阳、朱雀等私募基金的托管业务。中标了中国出版集团等一批大型企业年金基金托管项目，企业年金账户管理业务取得实质性突破。QFII、RQFII、QDII等跨境资产托管业务稳步发展。通过考核引导措施，调动分行托管业务的发展动力和经营活力，在托管规模上取得较快增长。

二、业务创新迈出新步伐

2014年，中国农业银行紧紧围绕监管部门政策要求，以满足客户需求为己任，在多个托管业务领域实现了国内首创。托管了华夏沪港通恒指ETF及其连结基金等行业重大创新产品，布局了行业指数分级基金、多空分级货币基金等稀缺的创新型基金品种，开拓了不需银行销售的纯托管基金和保险系基金，进一步完善了基金托管产品线。托管了证券公司OTC集合计划、家族信托、机构银行间债券投资资产等创新业务，拓宽了多元化产品托管领域。推出了“2+2”模式企业年金集合计划、养老保障管理产品和薪酬福利计划业务，进一步扩大养老金业务服务对象。

三、托管能力获得新提高

中国农业银行从夯实管理基础入手，强化尽职监督检查等内控措施，优化托管产品运作流程，探索营运新模式，初步搭建了全覆盖的分行集中营运体系，托管能力和服务水平有很大提升。分行集中营运核算系统、基金托管业务信息管理系统、事前监督系统等12个项目的建设和升级为托管服务提供了有力的技术保障。2014年同城异地灾备演练的各项技术与业务验证项目均达到预期目标，提高了中国农业银行应对托管业务突发情况的反应速度和灾难恢复能力，验证了灾备场所环境的可用性。中国农业银行托管业务营运安全，模式优良，技术系统平稳高效，服务水平得到市场认可，持续获得了托管业务ISAE3402国际内控认证，2014年全年未发生重大风险事件。

第三节　中国银行

2014年，在中国经济新常态和人民币国际化进程加快的形势下，中国银行认真贯彻“担当社会责任，做最好的银行”的战略部署，不断加强客户营销、优化产品结构、提升服务能力、强化竞争优势，托管业务实现较快增长，综合实力不断增强，获得香港《财资》杂志评选的“2014年最佳RQFII托管银行”和“2014年度中国债券市场优秀成员——优秀托管机构”奖。

一、财务指标良好，经营业绩持续提升

2014年，中国银行紧抓大资管时代的发展机遇，较好地完成了各项任务，截至2014年末，中国银行境内托管规模逾5万亿元，保持境内托管银行前列；境外托管规模突破万亿元，继续领先中资同业；托管费收入保持两位数增长，市场份额巩固提升。

二、抢抓客户与产品，全面提升托管服务能力

2014年，中国银行以客户为中心，以产品为抓手，加强与客

户合作，实现多项产品创新。重点布局股票型、混合型及电商渠道基金产品，加大货币、指数基金储备，基金托管业绩同业领先；抓住资产证券化扩大试点机遇，与国家开发银行等同业合作信贷资产证券化项目资金保管业务；利用保险资产全托管契机，签约太平人寿等数十家保险公司资产托管业务；抢先争揽券商公募基金托管业务，中标证券投资者保护基金托管银行并获得最大份额；成功签约南航集团等大型年金项目，托管规模突破千亿元；积极参与国家科技成果转化引导基金等大型产业基金投标，服务国家实体经济转型升级。

2014年，中国银行在“平台统一、数据整合、权限集中、风险可控”的原则下，持续推进托管系统升级改造，全面提升托管服务能力；优化客户“一站式”体验，投产新一代托管网银，提供基于互联网的电子化信息服务；支持国家战略，率先完成“沪港通”上线系统改造，提升在香港市场的托管能力；不断完善指令传递、公司行动、证券账户管理、场内交易数据加工、电子对账、投资监督、信息披露、绩效评估等服务流程，提高业务处理效率；加强托管业务连续性管理，开展应急演练；建立全程、全员、全面的风险管理体系，连续八年获得“无保留意见”的内控审计报告。

三、强化国际化经营，打造跨境托管业务优势

2014年中国银行以人民币国际化为契机、RQFII业务为重点，加快跨境托管业务发展。在首尔、台北、新加坡等地举办RQFII业务推介会，与三地金融机构、托管行开展业务交流，有效提升中国银行跨境人民币业务影响力；派员赴新加坡、中国台湾地区工作，提升沪、深等境内行RQFII次托管运营能力，接连营销跨境业务重大客户，RQFII业务继续领先同业；以QDII托管为抓手，精选合作伙伴和产品，支持客户跨境托管、海外本地托管服务的全面需求；优化完善全球托管业务发展战略并推进实施，推进海外分行的托管系统建

设；与花旗、汇丰、新韩、道富银行等开展次托管合作及协议谈判工作，提升全球托管服务能力。

第四节　中国建设银行

2014年，中国建设银行托管业务经营业绩优异，托管规模4.37万亿元，其中投资托管业务规模4.28万亿元，较年初增幅38.14%。证券投资基金托管规模9 490.99亿元，增幅54.64%；新增证券投资基金托管63只，首发份额768亿份，均列市场第一。保险资产托管规模9 476.26亿元，增幅61.61%。RQFII托管规模355.49亿元，增幅490.22%。按照国际通用的内部控制服务标准进行ISAE3402审计，连续七年获得国际审计机构出具的"无保留意见"的内部控制审计报告。连续五年荣获《全球托管人》杂志"中国最佳托管银行"奖，获得香港《财资》杂志"最佳托管专家——QFII"奖和中国国债登记结算有限责任公司颁发的中国债券市场优秀托管机构奖。

一、准确把握市场商机和政策利好，市场竞争能力持续增强

中国建设银行坚持精品策略，与销售部门共同规范基金公司和基金产品的准入流程，多维度评价和确定目标客户。准确把握市场时机，重点布局满足投资者需求的基金产品，不断提高市场契合度。全方位、多纬度营销保险托管业务，抓住保险全托管政策利好，通过总行直接营销、总分行联动，业务条线间联动等方式，集中力量做好重点保险客户和项目的营销工作；积极开展海外专营机构建设和涉外托管业务营销，中国建设银行首家海外托管机构——建行（亚洲）信托有限公司正式成立，成为新加坡RQFII首批中资托管行。

二、创新步伐不断加快，竞争优势有效提升

一是产品创新。中国建设银行企业年金养老金投资品种覆盖所

有大类产品，是业内企业年金养老金产品数量最多、规模最大的托管银行。二是业务创新。保险公司委托基金公司、证券公司的委外投资托管领域保持领先地位，获得多家大型保险公司委外投资托管资产；私募证券投资基金托管业务、期货公司资产管理计划产品托管业务成功试点。三是服务创新。成功实现新一代托管应用系统与总行核心系统的“直联支付”和与中央国债登记结算公司的“中债直联”两项技术突破，托管服务效率大幅提升；首次实现QDII产品跨境人民币汇出入双向流动，进一步丰富了跨境托管服务内容；满足保险委外投资重要客户风险绩效报告个性化服务需求。四是流程创新。以流程控制为抓手，优化业务运营流程，再造资金结算处理环节，大力推进指令电子化、自动化和实时直通化。

三、基础管理能力建设持续推进，业务运营安全可靠

2014年，中国建设银行全面整理托管业务制度，积极推进制度体系建设，规范核算、涉外、外包业务运营操作，确保业务发展有章可循。加强业务风险防控，全面分析并形成《托管业务风险分析报告》，推进不相容岗位调整、操作风险自评估、分行内部控制评价指标设置等重要内控工作。培训点面结合，提高业务人员专业能力。新一代核心系统托管应用（清算功能）上线平稳运行，运营效率大幅提升。

第五节　交通银行

2014年，交通银行资产托管业务加快推进体制机制改革，深入贯彻“两化一行”战略，进一步巩固和发挥托管业务优势，着力提升托管业务综合贡献，支撑全行转型发展。把握“新常态”下业务发展机遇，围绕市场和客户需求，加快创新开发多元化托管产品。坚持全行做托管，加快集团内业务联动，打造规模化、效益化、集约化、特色化的业务发展格局。截至2014年末，交通银行资产托管

规模达到4.42万亿元，并荣获中央国债登记结算有限责任公司 2014年度“优秀托管机构”的称号和《首席财务官》杂志2014年度“最佳托管银行”称号，连续第9年通过ISAE3402国际标准内控评审。

一、打造优势品牌，保持养老金市场领先地位

2014年，交通银行继续保持全国最大养老金管理银行地位，推进“交通银行——养老金最大托管银行”的品牌建设，加大产品开发力度，在基本养老、企业年金、零售商业养老、全国社保等多个领域创新研发和推广多个新型养老金托管产品，形成覆盖城乡社会保障体系的养老金产品线。进一步巩固了与全国社保基金的合作关系，不断创新合作领域。持续做大企业年金，企业年金托管规模突破520亿元，在五大国有商业银行中排名第四。创新推出养老理财、特需医疗金、薪酬计划等多款产品，满足了各类养老金客户的财富管理需求。

二、大力推进国际托管，丰富国际托管产品结构

2014年，交通银行加大了全球托管市场开发力度。在机构设置上，交通银行是目前境内唯一在境外设立全牌照托管中心的中资商业银行，并进一步拓展美国、欧洲及亚太地区托管市场；在托管产品上，交通银行依托香港托管中心，在加快营销拓展QDII、QFII、RQFII等跨境托管业务以外，还托管了香港强积金、香港本地及海外基金、个人信托、主权基金、离岸人民币债等，国际产品线不断丰富。

三、强化风险管理，夯实业务发展基础

交通银行高度重视风险管理和基础建设，确保托管资产安全运营。实施全流程风险管理，以风险小中台建设作为重要载体，实行全条线，全链条管理。加强制度建设，为防范风险提供了制度保证。采取多样化的风险管理手段，将风险管理镶嵌至所有环节。注

重条线风险管理，实施总分行联动、覆盖业务全过程的纵横连锁的风险防控。加快系统建设，全力推进新一代托管系统（二期）建设和托管资金支付直联项目，有力保障托管资产安全运作。保持高水平的业务管理和服务质量，确保4.42万亿元托管资产的安全。

第六节　中信银行

2014年，中信银行资产托管业务在连续两年翻倍增长的基础上再攀高峰，托管规模与收入快速增长，市场份额和行业排名进一步提升。截至2014年末，中信银行资产托管规模余额3.54万亿元，较年初增长73%，全年实现托管收入15.22亿元，同比增长96%。中信银行依托托管余额宝的先发优势，大力发展互联网公募基金业务，成为本年度行业内发展最快、市场份额最大的公募基金托管银行，抓住券商资管业务发展的有利时机，积极开展券商托管业务，本年券商托管规模增量行业第一，规模余额行业第二。2014年，中信银行新增托管规模位居国内同业第三，收入同比增量位居国内同业第四，规模与收入的市场份额连续三年增加。2014年末，中信银行再次蝉联《金融界》“最佳资产托管银行”奖，荣获中国银行业协会“2014年度养老金业务管理奖”，市场知名度及品牌影响力进一步提升。

一、以基金券商夯基础，以均衡发展优结构

中信银行依赖行内理财的局面大为改善，高收益产品基金、券商托管规模连续两年提升，合计在总规模中占比超过50%，成为托管规模增长的支柱产品；托管收入结构更加均衡，基金、券商合计收入占比同比提升25%，收入增长的持续性增强；分行区域发展更加均衡，托管规模集中度和收入集中度较上年末分别下降13%和10%。

二、以客户体验为抓手，以产品创新促发展

中信银行围绕市场和客户需求，不断加强领域创新和产品创

新，业内率先启动职业年金推广，联合监管机构召开两次事业单位职业年金研讨会，抢占市场先机。2014年，中信银行成功托管国内首只房地产信托投资基金（REITs）和国内首批沪港通资管产品；积极推进资产证券化产品托管业务，成功托管邮储银行资产证券化项目；托管中信银行首只“银行资产管理计划”。布局P2P托管业务，与宜信公司合作开发P2P资金监管系统，为客户提供一站式、全方位的托管解决方案。新增年金微信查询端和网银个人账户查询渠道，完善网络服务平台。联合太平养老推出养老保障管理产品，增加企业客户养老产品选择。创新补充医疗产品，实现信福人生卡补充医疗凭卡直付，免除保险报销环节，提升客户体验。

三、以精细管理为保障，以安全运营为根本

业务管理方面，中信银行获得安永审计师事务所出具的对中信银行托管业务ISAE 3402国际标准内控审阅无保留意见报告，协同审计部门，对分行开展托管业务内控专项检查，保证业务的合规经营。中信银行进一步加强业务规范化管理，规范托管业务收费及减免标准，优化托管项目审批流程，加强托管业务营销管理，防范舆情风险发生，印发资产托管业务标准合同文本，制作分行常见问题Q&A手册，制定中信银行年金重点客户服务管理办法和实施细则，完善服务体系，提升服务品质。

系统建设方面，中信银行开发非估值核算系统，实现分行非估值类产品会计核算自动化。优化清算系统，增加场外清算支持、账户体系和清算流程管理、直通式支付等功能，实现全流程控制、不落地支付。优化管理信息系统，实现收入直连核心记账、分行层级考核和权限自主管理。

第七节　中国光大银行

2014年，中国光大银行托管业务积极创新，取得较好的经营成

果。截至2014年末，中国光大银行实现托管业务规模2.84万亿元，增幅65%，实现托管费收入9.65亿元，增幅36.5%。2014年1月，在金融界领航中国年度评选中，中国光大银行被评为“最佳资产托管银行”；6月，连续三年获得基金业协会颁发的“托管银行最佳合作伙伴”称号；8月，在《21世纪经济报道》组织的资产管理年会中，获“2014年最佳资产托管银行”“金贝奖”。

一、伞形信托迅猛发展，保险债权投资计划托管大幅增长

2014年，中国光大银行巩固其伞形信托业务在行业中的领先地位，截至2014年末，伞形信托托管规模达1 263亿元，增幅311%，继续排名市场首位；运作一级母账户412个，增幅142%；年末信托财产保管规模8 052亿元，同比增长83%，排名从2013年的行业第六跃升至第三。全年新增保险债权投资计划项目42个，托管规模达2 416亿元，增幅84%，保险债权投资计划托管规模继续居股份制商业银行前列。

二、 加强创新，提升服务，夯实业务持续发展基础

一是加强新产品研究，寻求新业务增长点，满足市场需要。2014年中国光大银行推出券商股票质押式回购资管计划业务，签约总规模60多亿元；与8家信托公司展开对冲型集合资金信托计划业务合作，规模82亿元；将信托伞形技术移植到银行间账户的托管与结算，与2家信托公司完成了约20亿元产品上线投产。关注市场前沿产品，对基金行政外包、P2P托管、众筹等业务进行跟踪研究。二是加强系统建设，改进托管运营，提高服务效率和服务质量。中国光大银行全年共完成托管系统2 136个功能点的升级改造，同比增长185%；率先实现沪港通新业务上线，成为业内首批提供沪港通托管服务的银行；推动托管系统虚账户功能上线、启用托管业务电子邮件系统；实现系统读数、数据处理、生成凭证、余额核对、生成估值表五个步骤的自动化处理“五合一”功能。先后与中央结算公

司、中国外汇交易中心实现系统直连，成为首批债券业务全程电子化处理的托管银行。在中央国债登记结算有限责任公司2014年中国债券市场优秀成员评选结果中中国光大银行首次荣获“债券业务进步奖”。

三、加强风险控制，保证业务健康发展

一是强化风险意识，明确托管条线重点防范的操作风险、法律风险和声誉风险，同时加强业务培训，实现全行培训全覆盖；二是加强制度建设，不断完善健全托管制度体系，2014年中国光大银行重点建立客户资金托管的制度体系，先后下发客户资金托管业务管理办法和融入资金托管业务规程等；三是开展风险排查，提高内控质量，组织全行开展风险排查工作；四是首次引入外部会计师事务所对中国光大银行总行及四个托管分中心的托管服务体系和内部控制流程进行ISAE3402国际内控标准审阅，并获得无保留意见报告。

第八节　华夏银行

2014年，华夏银行资产托管业务克服了资本市场持续低迷、理财业务受限等多方面不利因素的影响，继续秉承“为客户提供增值服务”的核心理念，坚持“规模优先、带动收入”的基本策略，强化营销联动机制建设，着力产品创新和市场开拓，持续优化托管服务，通过托管平台和新兴业务带动传统业务发展。

一、全行资产托管业绩喜人，各项经营指标超额完成

华夏银行2014年全年重点营销基金公司和券商专户理财产品托管业务，加大保险资金托管营销力度，扩大信托产品托管规模，进一步拓展银行理财产品托管市场。托管条线的中间业务收入同比大幅增长，全行累计实现托管及代销类中间业务收入9.76亿元，与2013年末4.97亿元相比，增长96.18%。托管规模再创新高，截至2014年末

托管项目521个，托管规模1.07万亿元，同比增长48.83%。

二、加强产品创新与系统创新

为顺应互联网金融发展要求，践行普惠金融，华夏银行通过创新货币基金赎回模式，上线了华夏银行首款基于互联网交易的余额理财产品——普惠基金宝，上线仅两个月累计销售达43.3亿元，存量保有规模10.8亿元，新增基金个人签约客户3.24万元，有效地带动了电子银行渠道、基金销售和托管规模的全面增长。

优化升级业务系统，提升系统对运营管理风险控制的支撑。华夏银行开发上线资产托管业务电子传真处理系统，改业务单据纸质传真为系统电子化传输，解决了纸质单据传真过程中数据可辨认性差、易丢失的问题，有效降低传真收发不及时等造成业务延误的风险；开发上线托管服务平台，新增电子化对账、数据分析、上线流程管理等功能，提高了总行托管数据安全管理和托管核算、清算服务的风险防控能力，实现分行绩效管理和上线流程管理系统化，提高了总行对分行的风险管控水平。

三、进一步加强对分行的管理和指导

华夏银行建立分行资产托管业务分类管理机制，强化专业管控能力。制定了《华夏银行分行资产托管业务运营管理评价办法》，通过设立规范性、激励性和否定性评价指标，对分行在资产托管业务运营、风险防控质量和管理水平等方面进行综合评价，并实施分类管理。改变总行对分行资产托管业务缺少有效管理评价机制的状况，为自上而下的业务管理提供了有效抓手。

第九节　中国民生银行

2014年，中国民生银行积极跟进当前大投行、大资管、大财富方向的市场发展步伐，保持传统业务快速发展，同时，积极拥抱互

联网金融发展趋势，大力推进产品及服务模式创新，取得了全新突破。截至2014年末，中国民生银行资产托管规模2.98万亿元，新增托管规模已连续两年超过1万亿元，实现托管费收入33.47亿元，资产托管业务再上一个新台阶。

一、立足传统业务优势，保持业务平稳快速增长

2014年，中国民生银行建立了行内各业务部门之间的合作联动机制，充分整合项目、资本及渠道等业务资源，优化业务流程和运营效率，将资产托管业务打造成为连接资产端和负债端的业务撮合平台，为终端客户提供包括从产品设计、资产推荐、销售渠道等一站式的综合金融服务，全面提升客户服务体验，赢得了市场的认可。2014年中国民生银行在基金专户、保险资金、资产证券化、银行理财等传统托管业务方面继续保持快速增长态势，截至2014年末，基金专户（专项）托管规模达6 400亿元，股权投资基金托管规模1 100亿元，资产证券化托管规模620亿元，行业领先优势明显。

二、创新驱动业务发展，全面发力互联网金融业务

中国民生银行高度重视互联网金融布局，先后与腾讯、一号店、阿里小贷等主流机构合作，联合基金公司、保险公司，在基金和保险资金托管领域取得首单突破。2014年成功发行并托管汇添富全额宝货币基金和国金通用金腾通货币基金，以“托管+担保”方式推进以小微客户资产作为基础资产的“阿里金融1号”，打开了互联网金融产品的营销局面。自2014年起，中国民生银行率先布局P2P托管业务，历时一年成功开发网络资金交易托管业务系统，为P2P网贷、电子商务等互联网金融合作伙伴提供一站式、全方位的托管解决方案。

三、推进商业模式重构，打造资产托管行业生态圈

中国民生银行从整个资产管理行业生态系统的高度出发，从

市场需求、商业模式、行业价值链推进产品设计和运营，着力打造托管业务发展生态圈，通过当事各方紧密协作、互补共生的行业共生系统，将各方利益与托管业务平台的利益连接形成一个有机整体，实现共赢，为全行托管业务的长期稳健发展奠定了坚实基础。2014年，中国民生银行已经与52家基金公司、69家证券公司、59家信托公司、17家保险资管公司等资产管理机构开展了业务合作。中国民生银行牵头发起的亚洲金融合作联盟，成员包括城商行、信托公司、金融租赁公司、外资银行等在内的39家亚洲范围内的金融机构，截至2014年末，中国民生银行已经与其中20家联盟成员建立了业务合作关系，资产托管规模超过1 600亿元。

第十节　招商银行

2014年，招商银行资产托管业务持续快速发展，托管规模与收入实现快速增长，部分托管业务规模市场份额和行业排名有了较大提升，市场地位进一步提高。2014年末，招商银行托管资产余额达3.54万亿元，较年初增长91%，全年实现托管费收入21.12亿元，同比增长99%，托管项目7 737个，较年初增加4 358个，同比增长128.97%。招商银行充分发挥自身优势，大力拓展基金专户、保险资产托管业务，巩固发展信托财产、股权投资和企业年金托管等优势业务，基金专户托管规模居托管银行首位，信托财产和股权投资基金排托管规模列行业第二，企业年金托管规模稳居股份制托管银行首位。成功开拓私募基金外包业务，成为国内首批开办外包业务的托管银行。

一、加快托管系统自主开发，提高系统处理时效

推出国内首家全功能网上托管银行。招商银行自主开发并向社会推出行业首个全功能网上托管银行，成为继网上个人银行、网上企业银行之后，专为托管（同业）客户服务的支付平台和服务综合

系统，招商银行构建起个人、公司和托管客群的三大网银平台。该系统创造性地将客户端与托管人端有机整合，集托管业务处理、客户服务、数据信息交互为一体；依托强大的行内支付系统，将托管业务处理和客户服务延伸至全行，颠覆了资产托管业务运行和客户服务的传统模式，实现了托管指令传输、业务处理全程自动化与直通化，系统直联便捷、安全高效。

快速升级托管系统功能。招商银行完成银行理财、非估值托管业务、各类期货（商品、股指和国债）、跨境托管等系统功能开发，支持业务持续创新，加速与外围系统（如上清所系统、中证登深圳系统）的对接，提高了托管系统的数据接收、清算交收与业务处理效率。

二、建立分层人才培训体系，打造专业化托管团队

招商银行在总部成立托管项目营销、估值清算、风险管理、系统开发等专项工作小组，针对不同的托管项目或开发需求，充分整合行内及部内专业人才优势，快速响应托管市场客户的业务诉求，解决托管产品创新和系统开发过程中的难题。在全行建立分层托管人才培训体系，全力打造全行托管产品营销、估值清算、投资监督、风险管控、业务管理等梯度专业人才队伍。

三、加强托管业务内控，增强风控管理能力

招商银行进一步加强托管业务风险管理：一是对托管业务管理制度进行了全面整合，进一步规范托管合同范本，整理法规并下发全行。二是对全行托管手工操作业务进行梳理和风险排查，统一关键风险指标的统计口径，建立资产托管业务操作风险评估方案，有效地管理全行托管关键风险指标。三是加大对重点分行托管业务及内控管理的现场与非现场检查，引入内外审计，针对个别风险节点或环节提高控制，有效地增强全行托管业务的风险管理能力。

第十一节　兴业银行

2014年，兴业银行以满足客户金融需求、保障投资者利益为出发点，秉承专业、服务、创新、高效的经营理念，开拓进取、主动作为，资产托管业务继续保持健康快速发展。截至2014年末，兴业银行资产托管规模4.73万亿元，增幅53.13%；在线托管产品13 755只；资产托管中间业务收入42.13亿元，同比增幅25.46%。资产托管规模、产品数量、收入分别位居全行业第4名、第1名和第2名。

一、顺应市场热点，积极参与金融创新，服务客户需求

兴业银行顺应创新热点，联动全行各级、各类机构，集中资源为客户搭建优质的服务平台，涉及债券伞形产品、理财配资、委托投资、买入返售及同业投资通道、互联网大数据基金、保险债权计划、新三板、融资融券、结构化理财、资产证券化、跨境套利产品、私募基金、资金监管等，资产托管业务合作伙伴超过600家，全年上线产品14 434只、规模30 119亿元，下线产品8 338只、规模15 640亿元。特别是，兴业银行改进公募产品服务体系，与广发、易方达、工银瑞信、中银、中邮等基金公司合作上线10只公募基金产品；与国信、海通、兴业等券商，及华安、博时、国泰、海富通、招商等基金公司合作11只QDII、3只RQFII产品。

二、提高运营效率，建设多层次托管产品运营服务体系

兴业银行根据市场变化，及时修订操作流程、完善管理制度，建立由总行运营、分行运营、总分行联动运营三种模式共同组成的多层次托管产品运营服务体系。为确保依法合规履行托管职责，兴业银行适时调整优化各核算单元的业务分工和人员组合，强化托管运营人员培训和队伍建设，培养和打造“专家型”的产品运作管理团队，相关人员在团队管理、产品创新、系统研发、营销沟通、客

户服务等方面的能力得到全面提升。在托管规模快速增长和产品结构日趋复杂的情况下，配合客户完成了开户集中清算公募基金、货币基金最大利差损益监控、优化交易类账户开立、国企混合所有制改革、QDII三方存管模式清算等重大资产管理产品的研发设计。

三、调整科技系统支持架构，加强科技支持能力，增进客户体验

兴业银行调整科技支持架构，梳理需求管理和测试流程，深挖科技支持潜力，使科技系统更加贴近资产管理行业的发展需要，重点完成了五大系统项目：一是投资监督、QDII系统专项改进，股票质押式回购、融资融券、个股期权的优化开发；二是非估值托管系统核心直连划款以及与指令系统、托管网银无缝对接；三是报表数据系统产品信息数据标准转换；四是开发现金快线系统并提供专用对账支持，提高货币基金投资效率；五是建成合同管理系统提高项目落地时的流程效率。目前，兴业银行已启动新一轮托管系统规划，开展清算及业务管理系统建设，积极与国际先进托管系统接轨。

第十二节　广发银行

2014年，广发银行全行上下锐意进取，创新服务，提升系统功能，托管业务进入均衡、可持续发展新常态。截至2014年末，广发银行托管资产规模突破8 466亿元，较上年末增长5 020亿元，增幅145.71%；实现托管业务收入4.18亿元，同比增长1.71亿元，增幅69.23%。

一、紧跟市场、快速布局，五大类产品均衡发展

2014年，大资产管理继续蓬勃发展，“放松管制、加强监管”的理念造就了各类资产管理机构同台竞技、百花齐放的竞争发展格局。广发银行快速布局、迅速响应，以效率、服务、特色等为突破

口，精选目标客户、培育核心客户、拓展集团客户，成功打造理财、保险、证券、基金、信托托管业务的“五朵金花”。截至2014年末，广发银行托管理财资产2 255亿元、保险资产1 767亿元、证券资产1 633亿元、基金资产1 551亿元、信托资产1 075亿元，为全行托管业务均衡、持续发展带来了稳定的创收来源。

二、创新理念、打造精品服务，特色产品行业领先

在率先进入互联网托管领域后，广发银行继续保持在该领域的领先优势。截至2014年末，在获批的26家基金销售支付结算机构中，选用广发银行监督服务的机构共5家，排名行业第一。依托在互联网金融托管领域的先发优势，广发银行成功与多家基金公司在互联网金融领域达成货币基金托管合作意向，并取得丰硕成果，托管的最大一只互联网金融合作基金规模达到185亿元。2014年，广发银行继续秉承“深耕细作，做实每个客户”的路线，深化与核心跨境客户的战略合作关系，巩固并扩大了QDII托管的优势，QDII托管规模76亿元，位列股份制商业银行第三位。

三、强化风控、安全运营，高效服务助发展

广发银行坚守“合规经营是底线”的指导思想，始终以委托人和持有人利益为先，牢牢把控合规风险和操作风险，完善内控机制，细化岗位职责，优化业务流程，积极主动防范各类风险。2014年，广发银行通过多个系统直联项目，有效提高了资产托管业务直通处理能力，切实提升了服务能力；同时广发银行紧跟行业发展新动向，积极开展新业务、新流程研究，为全行业务的发展提供源源不断的推动力。

第十三节　平安银行

2014年，平安银行紧紧围绕“最佳银行”战略，顺应“转型发

展”要求，把握托管业务历史发展机遇，实现业务规模快速增长、盈利水平持续提升、产品结构显著优化、客户基础显著增强的年初既定目标，在推进托管业务跨越式发展的愿景上迈出了坚实的一步。截至2014年末，平安银行托管资产净值规模达1.8万亿元，同比增幅123%，托管费收入达14.05亿元，同比增幅177%，协会2014年第三季度数据显示，该行托管业务规模和收入的增速均位列行业前列。

一、夯实客户基础，助力持续发展

平安银行托管客户基础不断强化，有利于托管业务持续发展。截至2014年末，托管信托客户59家、基金公司66家、证券公司55家、中小银行28家、其他合伙私募公司等353家，运营项目共计3 326个，较上年同期净增1 727个，增幅为182%。平安银行在其薄弱的公募基金托管领域，取得了长足的进步，截至2014年末，已托管14只公募基金，托管规模208.77亿元，较2013年末增长280%。

二、紧跟新常态，创新促发展

平安银行密切跟踪经济金融新常态下资产管理行业政策和市场形势的变化，及时研究并落地大资管潮流中新的托管业务机会，加快推进具有战略意义的新兴托管业务发展。2014年，平安银行先后完成前海、自贸区、新三板、沪港通等有关业务机会的课题研究；积极开展资产管理外包业务，继2013年发布“金橙管家1.0”后，2014年12月平安银行再次发布资管外包服务平台“金橙管家2.0”；有序推进P2P资金托管业务；相继实现信贷资产证券化、企业资产证券化、股指期货、商品期货、QDII托管、保险资产管理、融资融券等业务托管的首次突破。

三、不断贴近客户，持续提升服务

平安银行坚持以市场为导向的经营理念，贴近客户，挖掘客户需求，从系统、流程、运营、产品等方面提升客户服务能力及客户体验。一是不断改进业务系统，先后完成17个系统项目或模块建设，提升托管业务系统服务能力及业务管理水平。二是以客户为中心，优化业务流程，推出直联和电子对账业务，释放运营效率，运营支持前置，产品管理部分和流程实现被动型向主动型转变。三是开发综合e管理系统，推出客户使用端，实现产品信息前后台之间、托管与客户之间的全电子化产品信息流，并持续优化系统，提高运营能力。四是推出业内首个托管微信平台，升级托管网银。五是加强托管品牌建设，通过提供优质服务和适当宣传塑造良好品牌形象，平安银行2014年先后获得“华尊奖·中国最佳资产托管银行”、“品牌赢在中国——年度最具竞争力资产托管银行”和“2014卓越竞争力托管银行”等奖项。

第十四节　上海浦东发展银行

2014年，上海浦东发展银行以打造“面向各类客户，连接各类市场，横跨境内、境外，专业服务资产管理与交易的托管平台”为目标，在支撑理财托管业务快速发展的同时，继续深耕非银行金融机构资产管理与交易类托管业务，着力推进以互联网为载体的电子商务、基金销售等客户资产类托管业务，不断创新业务品种，提升托管服务水平，托管业务保持了高速增长态势。全年实现托管业务规模3.08万亿元，较2013年末增长74.33%，实现各项托管业务收入28.20亿元，同比增长16.54%。

一、探索新领域，拓展新空间

上海浦东发展银行密切关注政策变化带来的市场机遇，围绕资本市场开展托管业务创新，各项业务创新成果斐然。首单私募基金托管业务成功起航；首单以期货公司为管理人的期货专项资产管理计划托管业务落地运营；承接了实施备案制后首批发行的资产证券化产品托管业务；开办了上海自贸区账户项下银行理财资管托管业务；实现了RQFII托管业务新突破。

二、融入互联网，打造新优势

上海浦东发展银行顺应互联网发展趋势，积极探索互联网金融托管业务，围绕互联网加载的托管产品日益丰富。基金销售监管业务继续保持行业内领先地位，占据近半市场份额；与中国移动携手推出首个移动服务领域的“宝宝类”产品——“和聚宝”；在电子商务领域与第三方支付公司联手构建了电子商务托管新模式。

三、练内功，强风控，不断夯实托管业务管理基础

2014年，上海浦东发展银行以系统性地开展内控评价工作为抓手，在产品、内控、业务管理、运营、检查、监督等方面全方位整章建制，构建了多层次的风险管控机制和矩阵式内控体系。积极推动“全行做托管”、“合规做托管”，托管专业队伍建设和风险控制意识明显提升。持续优化托管运营流程，探索岗位集中化、业务环节流程化的运营管理模式，实现划款指令集中化、估值核对系统化、业务印章电子化等流程优化。加强系统建设力度，以流程化、批量化、交互电子化、自动化为原则，全年实施56次系统升级，进一步提升运营效率、降低运营风险，托管运营服务质量得到全面提升。

第十五节　恒丰银行

2014年，恒丰银行深入贯彻“国际化、信息化、精细化、科技化、人才化”战略思想，实现了托管业务的跨越式发展。截至2014年末，全行托管资产规模3 514.63亿元，规模增速位居行业前列。

一、不断丰富产品体系，积极创新拓展业务领域

自2014年2月10日取得证券投资基金托管资格以来，恒丰银行致

力于打造“恒久发展、安心托付”的托管品牌，以“综合金融服务管家”为战略方针，以客户需求和市场导向为目标，不断丰富托管业务产品体系。托管产品已涵盖了基金公司专项资产管理计划、券商集合资产管理计划、券商定向资产管理计划、私募股权基金、信托计划、银行理财产品、交易类资金托管等多个业务品种，积极探索互联网金融资金托管等创新业务，并将于2015年初，托管首只公募基金。2014年9月11日恒丰银行取得第三方支付机构客户备付金存管业务资格，通过加大电子渠道建设，推出更多面对客户的新电子银行产品，充分利用现有的门户网站优势，打造自己的支付平台，拓展各类金融产品的销售渠道。

二、依托“大总部”集群优势，实现规模快速增长

恒丰银行以全行组织结构改革为契机，充分利用金融市场总部的集群优势，顺应金融脱媒加速、利率市场化的趋势，积极推动资金、同业、托管、票据业务产品的综合营销，突出理财业务、托管业务、客户营销的联动拓展，开展与存贷款、理财、投行、渠道销售等主体业务联结，深入挖掘潜在客户，并满足法人客户及个人客户的投资理财、多渠道融资、资金交易和综合经营等多方位金融服务需求，带动全行利益链条，实现资产托管业务综合效益最大化，使托管业务成为全产业链的集结地，成为中间业务收入的蓝海。

三、完善风险管理体系，确保安全高效运营

2014年，恒丰银行资产托管系统紧贴客户需求，连续实现了5次核心直联项目的升级改造，使运营流程得到进一步优化，清算效率得到大幅提升，风险数据得到及时监测。先后修订完善各类托管业务制度24项，使有限合伙企业资金托管、契约型私募基金托管、第三方支付机构备付金存管等业务操作流程得到规范。持续开展内控稽核自查，不断加强内控案防体系建设，使托管运营流程得到不断优化，风险防控体系得到不断完善与巩固。打造专业素质高、责任

心强、从业经验丰富的人员队伍，为托管资产管理的精细化、业务运营高效化和客户服务标准化提供了坚实保障。风险管理体系的逐步完善，使恒丰银行实现了所有托管产品资金清算高时效、安全运营无差错、客户满意百分百。

第十六节　浙商银行

浙商银行成立于2004年8月，资产托管业务自2007年开始起步，2013年11月取得证券投资基金托管资格，2014年12月取得保险资金托管资格，目前已全面开展公募证券投资基金、特定客户资产管理计划、保险资金、信托计划、商业银行理财、私募投资基金等资产托管业务。2014年，浙商银行资产托管业务以全行战略转型为契机，在全资产经营理念指导下，明确发展思路，加大科技投入，着力提高服务水平，扎实做好全面开展托管业务的基础工作，精心打造具有浙商银行自身特色的托管品牌。

一、精心定位

浙商银行将资产托管业务视为商业银行通向资本市场的通道，着力发挥托管业务的产品功能，以托管业务为媒介，打通传统银行业务与资本市场业务之间的壁垒，支持商业银行全资产经营，促进商业银行的创新发展。托管业务与传统业务进行合作与创新，整合全行业务资源，逐步做大托管规模，锻炼托管团队，优化托管系统，增强客户体验，提高综合竞争力。

二、稳健发展

浙商银行资产托管业务着眼长远发展，面向资本市场，明确发展目标，围绕基金、证券、保险、信托、商业银行、私募基金管理人等众多机构客户，开展基础性资产托管业务。重视托管专业人才的引进和人才梯队的培养，强调业务操作流程的精细化管理，迅速形成了高效的人才培养体系。重视托管业务基础设施和信息技术的建设，全面支持各类资产托管业务的开展。各项基础制度完整，内控体系完善，操作流程精细，重视投资监督实施条件的事前评估，忠实履行各项托管职责，保护投资者利益。

三、主动创新

浙商银行重视资产托管业务的创新价值，以托管支持创新，以创新促进托管。以增金宝业务为契机，创新性地实现了公募证券投资基金托管业务的突破，圆满地完成了首只公募基金的托管。之后，将以满足客户和市场需求为导向，不断探索新产品、新账户模式、新业务系统、新资金清算模式等方面的创新，研究并推动P2P、股权众筹等互联网金融平台托管业务创新。

第十七节　渤海银行

2014年，中国经济走向新常态，资产管理业加快跨界竞合及综合化经营、互联网金融异军突起，为资产托管市场注入了新的活力。渤海银行紧跟形势，坚持以产品创新为引擎，加快产品布局，推出具有鲜明特色和竞争优势的产品，赢得市场和客户；大力加强系统建设，提高业务处理能力和处理效率，助推服务上水平；不断强化风险控制工作，加大业务流程梳理和风险排查力度，实现业务的稳健发展。截至2014年末，渤海银行托管资产余额达到9 364.44亿元，全年实现托管费收入7.94亿元，继续保持快速稳健的发展态势。

一、顺应市场发展，驱动产品创新

继“余额宝”问世以来，互联网公募基金类产品市场需求强烈，前景广阔。渤海银行顺应市场发展，及时推出“添金宝”产品，该产品实现了“免赎回操作、24小时实时刷卡消费与取现、申购赎回无金额限制”等功能，在行业内同类产品中具有突出优势。

另外，渤海银行新推出的“渤金账户”产品，将托管服务从资产管理领域延伸到商事、民事等多个领域，包含交易、担保、募集、偿还、专项、租赁等多方面服务内容，能够满足客户多样化、个性化的业务需求，成为渤海银行客户的“金账户”。通过多年努力，截至2014年末，渤海银行已建成拥有9大类共22个品种的托管产品体系，托管产品组合1 826个。

二、加强系统建设，提升服务水平

2014年，渤海银行的系统建设取得显著成绩，先后投产了托管服务平台系统（二期）和托管网银系统。托管服务平台系统（二期）的上线改变了原有的业务操作模式，优化了业务流程，大幅提高了业务处理效率，全面提升了业务管理水平，系统的安全性与稳定性也得到进一步增强，达到行业先进水平。托管网银系统的上线，进一步拓宽了渤海银行对托管业务客户的增值服务渠道与服务内容，能够更好地满足客户的需要。

三、加强风险控制，实现稳健经营

2014年，宏观经济下行压力增大，延期兑付、“跑路”事件频发。渤海银行顺应“新常态”形势下对业务开展的要求，积极拓展与优质客户的业务合作，在合作过程中注重风险排查与内控检查；对存量业务，尤其是市场风险相对集中的信托业务及私募投资基金业务，开展了全面的专项检查工作，及时排查风险隐患，防范风险事件发生；根据业务发展变化的需要，持续对各种业务流程进行梳理和优化，并加大对日常业务处理的检查力度，提高全员风险意识，努力控制操作风险，实现了托管业务的稳健经营。

第十八节　中国邮政储蓄银行

2014年，中国邮政储蓄银行努力提升业务管理能力、运营服务能力、风险控制能力、营销能力和系统支撑能力，通过紧抓市场机遇，大力拓展市场，加快行内资源整合，年末托管资产规模达到8 908.14亿元，同比增幅72.33%，托管规模在25家托管行中排名第16位。经过五年的发展，中国邮政储蓄银行已形成涵盖证券投资基金、基金专户、保险资金、券商资管、信托资产、股权投资基金、银行理财、资金托管等数十种类型的托管产品体系，在初步搭建多层次产品体系的基础上，积极筹备QFII、QDII托管业务，力求充分满足客户多元化的托管需求。截至2014年末，托管合作机构数量达到261家，在券商资管、公募基金、保险资金、银行理财、基金专户等多个领域保持良好发展势头，品牌影响力持续提升。

一、创新营销模式，经营业绩迅速增长

2014年，中国邮政储蓄银行托管业务紧抓市场机遇，促进业务联动，实现跨越式发展。一是以托管业务为核心的行内资源整合初见成效，托管业务部与个人金融部、资产管理部及金融市场部达成业务联动共识，构建营销一体化方案，为重点客户提供全面综合的托管服务，提升托管行业竞争力。二是业务规模迅速扩张，2014年托管规模同比增速达72.33%，处于行业上游水平，市场份额从2013年的1.48%稳步提升至2014年的1.65%。三是细分市场行业增速领先，2014年保险资金托管规模增速为161.33%，行业排名第一位；银行理财托管规模增速110.95%，行业排名第三位；信托计划托管规模增速105.59%，行业排名第三位。

二、强化风险管理，提高内控水平

2014年，中国邮政储蓄银行托管业务风险控制能力得到持续提升，逐步构建覆盖总分行的多层级风险控制体系。一是强化人员风险意识，通过政策法规培训、政策解读与新规通报、风险提示等多种形式，强化总分行从业人员的风险意识，提高风险把控能力。二是开展托管业务内部稽核检查，及时发现并化解风险隐患。2014

年针对总行托管部及运营分部开展现场专项检查，发现风险督促整改，确保规章制度的有效执行。三是持续推进托管业务内控审计。在2013年第三方外部机构ISAE3402内控审阅的基础上，2014年10月开展公募基金托管业务内部审计，通过内外审结合，进一步强化业务风险防控能力。

三、全国托管运营二级体系初步建立

2014年，中国邮政储蓄银行完成了北京、上海、深圳三个托管运营分中心的建设，初步形成“一个总部、多个中心”的托管运营布局。通过充分调动各分行资源，大大提升了全行运营能力。截至2014年末，三个托管运营分中心承接的运营规模超过全行总规模的70%。托管分部的建立显著缓解了全行托管运营服务的压力，在为客户提供本地化服务和精细化服务等方面都起到了非常重要的支撑作用。

第十九节　北京银行

北京银行于2008年取得证券投资基金托管资格，2012年取得保险资金托管资格，及北京市试点外资股权投资基金托管资格。北京银行资产托管产品涵盖公募基金、基金公司资管计划、证券公司资管计划、保险资金、信托计划、银行理财资金、股权投资基金等，托管规模连年快速增长，业务具有托管服务特色化、托管产品系列化、服务人员专业化的特点。

一、整合资源，创新托管服务内容

北京银行通过整合银行各项业务资源，加强条线间、部门间的业务联动，以资源互换等形式与各资产管理机构建立可持续性合作关系，将现有产品用足，从多角度与资产管理机构开展合作，为托管产品的结构设计、融资、投资运作等各环节提供牵线搭桥、咨询

建议等综合性服务，以一带多，由单点合作到全面合作，加大合作深度和广度，形成以托管产品为依托，多方共赢的格局。

二、升级系统，形成全覆盖产品线

为满足不同客户的个性化托管需求，提供更加专业的托管服务，北京银行完善托管系统建设，增加新三板估值、国债期货模块、股指期货模块等新系统功能，形成了包括资产估值系统、清算交割系统、投资监督系统、风险管理和绩效评估等系统的功能完善、专业高效的托管业务系统。2014年，北京银行进一步提升托管服务水平，托管产品类型更加丰富，托管规模获得大发展，托管多只权益型、债券型、保本型证券投资基金，同时加大与基金公司子公司、信托公司、证券公司、保险公司合作力度，托管产品结构设计和投资方向丰富多样，真正实现了产品线的全覆盖。

三、引进人才，建设专家团队

北京银行致力于组建精通资产管理行业的“专家团队”，经过多年的发展，现已形成专业性较强的托管团队，团队成员包括投资银行专家及有多年证券从业经验的行业精英。同时，重视学习监管部门出台的有关资产管理行业的各项法律法规，严格遵照法律法规规定和托管合同约定，履行托管职责，做到稳健运营，防范各类风险。

第二十节　包商银行

包商银行2013年成立资产托管部，2014年2月10日经中国证监会和中国银行业监督管理委员会核准，正式获得证券投资基金托管资格。目前，包商银行托管业务已涵盖基金公司特定客户资产管理计划、证券公司客户资产管理计划、信托计划、商业银行理财产品、股权投资基金等多种资产托（保）管业务。截至2014年末，资产托管总规模已达468亿元。

一、专业的管理团队及先进的系统支持

包商银行资产托管业务以“专业、效率、责任、安全、信任”为核心服务理念，通过建立覆盖商务谈判、签约、开户、投资运营至到期清算等完善的托管标准流程，为资产管理机构及委托人提供优质托管服务。包商银行资产托管部人员100%具有基金从业资格，部门中心负责人及以上管理人员具有十多年金融行业从业经历，在银行、基金、证券、信托、投资管理等方面有扎实的专业理论知识和实战经验。资产托管部团队人员具有丰富的从业经验，分别具有托管行、基金公司、证券公司、外资银行、系统供应商等工作经历，业务经验丰富，其中后台运营人数占部门总人数的60%以上。

包商银行结合集中处理、一站式服务的要求，购置开发了行业先进的交易清算、会计核算、资产估值、投资监督模块和资金清算系统、交易指令系统、数据传输系统、信息咨询系统，以及各模块功能的整合和延伸，先进完备的系统为履行托管人职责提供了技术保障。包商银行资产托管部有专门的IT技术服务人员负责IT支持，总行IT部门有专门的服务团队负责托管系统的技术升级与改造。

二、完备的规章制度及严谨的内控体系

包商银行根据各有关监管机构的要求，结合相关法律及规章制度，制定了完备齐全的业务规章制度，包括《包商银行资产托管业务管理办法》等18个业务的管理办法、操作规程。包商银行资产托管部依法建立内控管理制度和部门业务规章，有效覆盖基金托管业务的各个环节。托管业务与银行其他业务实现了人员、系统和办公场所的相互分离。托管业务组织结构按决策系统、执行系统、监督反馈系统互相制衡设置。

三、独特的地缘优势和立足创新高效服务

包商银行是第一家总部在西北的托管银行，凭借立足西北、辐

射西南的优势，积极开展基金托管业务。此外，包商银行资产托管部办公地点设在深圳，通过发挥自身专业、高效、多增值服务的优势，以快于同业的响应速度，力争提供优于同业的客户体验。

第二十一节　上海银行

2014年，上海银行资产托管业务规模达到6 040.77亿元，实现托管费收入2.03亿元，业务规模和收入双翻番；“存托比”从2013年末的32.18%提升至84.11%，中国银行业协会数据显示，其托管规模增速位居同业第三。上海银行以强化管理和持续创新为驱动，在托管产品创新和业务特色方面取得了新成绩，树立了“专业、优质、高效”的市场形象，并于2014年末获得了保险资金托管业务资格。

一、以全面能力建设为主线，实现资产托管业务有质有量发展

上海银行抓住资管行业变革及自贸区发展机遇，探索创新业务模式。首先，积极研究同业发展趋势和区域金融特点，进一步形成总行、分部和重点经营单位“三位一体”的管理模式，带动其他经营单位同步开展资产托管业务，实现资产托管业务 “全覆盖”；其次，形成快速响应客户个性化需求的系统开发流程和产品专业运作能力，及时满足客户各种投资方向、产品结构、资金管理等方面需求，与200余家同业客户建立稳定合作关系，排名前20%的重点合作客户托管规模占全行托管总规模的近80%；最后，银行理财、信托财产、券商理财和基金专户四项托管产品资产规模增幅均衡，重点加强标准化证券投资类产品的引进。

二、以持续创新为发展驱动，不断提升资产托管业务市场竞争力

上海银行在夯实传统托管业务的基础上，着力提升创新能力，

不断丰富产品线：一是总结QDPE、QFLP及RQFLP托管经验，通过加强与自贸区管委会的沟通，整合各方资源，成功实践多项跨境创新业务，实现跨境资金托管规模近百亿元；二是依托在中小企业贷款方面优势，为非金融要素市场——上海股权托管交易中心设计资产托管服务整体方案，成功落地首单OTC市场中小企业私募债资金托管业务；三是开展资产证券化托管产品创新，先后上线了与券商合作的融资租赁资产支持收益证券化产品及与信托公司合作的银行信贷资产证券化产品；四是以资管市场投资品种多元化为契机，在票据资产受益权、存单质押受益权、证券公司收益凭证、股票质押式回购、报价式回购、新三板等创新业务托管方面形成较强的专业能力。

三、以客户需求为中心，基本形成资产托管业务服务特色

一是充分利用与摩根大通的战略协作成果，搭建另类投资服务体系，引进先进的业务信息系统，为私募股权投资机构、创业投资机构、对冲基金及其他另类投资机构客群搭建全面合作平台；二是联动行内各业务条线，发挥商业银行综合优势，为托管客户提供资产托管、产品代销、项目对接、资金投资等服务，强化资产托管业务对全行的促进作用；三是不断完善资产托管业务系统，通过开发网银托管通、推出托管产品扣费无指令划款、实现清算路径多元化、电子对账等措施，提升服务水平，优化客户体验，为业务发展提供了有力支撑。

第二十二节　南京银行

2014年是南京银行资产托管业务发展元年，分别于4月9日和12月26日，取得证券投资基金托管资格和保险资金托管资格。2014年5月，南京银行正式开展各项资产托管业务，通过加强团队建设、完善产品体系、优化业务流程，不断提升托管服务能力，充分发挥南京银行在金融市场领域长期形成的基础优势，积极开展客户营销，

创立“鑫托管”业务品牌，努力打造“专业、高效、便利、综合”的服务竞争力，持续深化品牌影响力。在资产管理行业大发展的背景下，南京银行资产托管规模迅速增长，截至2014年末，南京银行托管规模超过3 400亿元。

一、托管规模快速跃升，品牌形象初步树立

2014年，南京银行积极把握资产管理市场蓬勃发展的机遇，充分发挥自身在金融市场领域的优势，借力“鑫合金融家俱乐部”的平台，不断深化与各类型金融机构的沟通合作，在“以客户为中心”的理念引导下，业务开展仅8个月的时间，托管规模和客户数量实现了快速增长，业务基础初步夯实。2014年10月，南京银行托管的首只公募基金——中融货币市场基金成功发行，首发规模达223亿元，该基金是目前市场上募集规模第二大的货币基金，也是2014年度首发规模最大的公募基金。中融货币市场基金的成功托管，不仅实现了南京银行资产托管业务的重大突破，也极大地提升了“鑫托管”业务品牌的影响力。

二、顺利取得两项资格，产品体系逐步完善

南京银行将资产托管业务作为战略业务予以推进，在全行上下的共同努力下，南京银行仅用了不到一年的时间就顺利取得了证券投资基金托管资格和保险资金托管资格。取得资格后，南京银行积极借鉴同业先进经验，加大培训力度，设立专项奖励方案，大力推动各项托管产品均衡发展。截至2014年末，业务品种已经涵盖证券投资基金、基金管理公司专户资产管理计划、基金子公司专项资产管理计划、证券公司资产管理计划、信托计划、银行理财产品、私募证券/股权投资基金等多个门类。

三、强化风险内控管理，确保托管稳健运行

为促进托管业务持续健康发展，南京银行高度重视资产托管

业务的风险控制和内控管理，一是通过持续的规章制度建设，健全制度体系，优化产品运作流程，梳理关键节点，确保托管业务运作规范稳健；二是加快业务系统优化升级，完善业务系统功能，解决系统症结，提高处理效率，为业务快速发展提供保障；三是加强内部管理和团队文化建设，建立协同合作的良好氛围，充分激发员工的工作热情，提升工作效率。2014年，南京银行严格履行托管人职责，按照法律法规和合同约定，安全保管委托资产，监督托管资产投资运作，将业务运作与控制风险有机结合，实现了全年托管营运工作的“零差错”，努力塑造良好的市场形象。

第二十三节　杭州银行

杭州银行资产托管部成立于2013年3月。2014年3月17日，经中国证监会和中国银监会核准，杭州银行正式获得证券投资基金托管资格。作为领先的城商行，杭州银行致力于为客户提供“精品托管服务”，开展业务仅半年多，业务品种已经涵盖银行理财产品、基金公司特定客户资产、集合和单一资金信托、证券公司定向资产、私募投资基金、期货公司资产管理、客户资金托管等主流业务品种。截至2014年末，资产托管规模1 299.72亿元，上线产品757只，托管费收入1 957.84万元，为托管银行取得资质首年的最佳成绩之一。

一、经验丰富的托管团队，最新的托管业务系统

作为托管行业的后来者，杭州银行高度重视托管业务，积极发挥后发优势。为保证发展高起点，杭州银行从国内托管行引进具有5年以上托管从业经验的专家组成了核心团队，采用赢时胜最新版本3.5业务系统，坚持将客户的需求放在首位，打造先进的托管业务流程，各业务环节衔接紧密，为客户提供专业化业务解决方案。目前，杭州银行已与包括天弘基金、易方达基金、中信证券、华能贵诚信托在内的多家大型基金公司、证券公司、信托公司、私募基金

开展了业务合作，并获得了客户的一致好评。

二、发挥地位优势和科技金融品牌，私募基金和银行同业资产托管崭露头角

杭州银行所在的浙江省是科技型企业的福地，创业家的乐园，私募基金云集。杭州银行将科技金融作为银行的战略重心，为基金管理人和科技型创业企业提供以私募基金托管为基础和纽带、投前投中投后完整业务链的整体科技金融解决方案。“一站式解决方案”获得管理人和科技企业的青睐，2014年末私募基金托管逾80亿元，已初具规模，重点客户包括摩根士丹利长堤股权、天堂硅谷、厚道资产等。

杭州银行作为优秀的城商行，已与省内以及全国中小同业机构建立了良好的合作关系，同业机构托管业务成为加深和延展合作关系的重要抓手。短短半年，杭州银行已陆续与省内外十多家中小银行进行了托管合作，涵盖理财产品托管和同业资产项目，在服务品质被认可后合作规模逐渐扩大。杭州银行紧跟互联网金融的发展机遇，经过缜密研究，启动了互联网金融资金（P2P）托管系统的开发工作，并与多家P2P平台公司达成合作意向。

三、坚持合规经营，开展全面风控

杭州银行始终坚持合规经营，对于托管业务全流程进行风险控制，不断提高操作风险、合规风险的管理水平。自成立以来，资产托管部根据实际业务需要，不断完善资产托管业务管理办法、业务操作规程、内部稽核监控管理办法、业务保密管理办法等相关制度，规范托管运营的制度执行和流程操作，保证托管业务零差错。

第二十四节　宁波银行

宁波银行目前托管业务品种已经涵盖证券投资基金、基金公司

特定客户资产、证券公司集合资产管理计划、证券公司定向资产、保险资金、集合资金信托、单一资金信托、银行理财产品、私募股权基金等多个种类。截至2014年末，托管各类资产总额9 491亿元，项目共计2 342个，实现托管收入1.51亿元。托管规模和税前利润皆保持着高速稳健增长。

一、提升运营服务质量，改善客户体验

2014年，宁波银行着力通过四项机制提升托管业务运营服务质量。一是通过内部流程优化、业务创新等满足客户不同类型的业务需求；二是加快运维系统建设，完成估值核算、资金清算两大运营系统的升级，有效提高业务处理自动化程度和处理结果准确性；三是建立一系列的运营风险监控措施，严格控制托管运营差错的发生；四是密切与客户中后台联系，通过客户特色服务制度和定期回访机制，及时了解客户需求，改善业务流程。

二、加强内控管理，强化业务风险控制

2014年，宁波银行从内控体系、业务流程控制、信息技术控制三方面入手，进一步强化管理，控制业务风险发生。一是建立完善的内控体系，包括合理的组织架构设置，明确的子部门职责划分，规范的人员岗位职责分离规定以及岗位的详细职责说明，同时建立一套内部风险控制制度，对六大类托管风险分别制定了详细的风险控制措施；二是对客户接受、资金清算、会计核算与估值、资产保管、交易监督、报告反馈等业务流程设计了明确的控制要求；三是对变更管理、逻辑访问控制、数据备份和恢复、物理安全、防病毒管理等信息技术控制进行了规范化设置。宁波银行还聘请获得安永华明会计师事务所进行内控审计，提升托管内控水平。

三、加速信息技术运用，搭建无纸化业务系统体系

2014年，宁波银行初步建立了具有行业领先性的托管业务系统

体系。2014年6月，宁波银行托管项目管理系统正式上线，该系统集成了项目审批、信息查询管理、合同法审用印等托管全流程管理功能，有效地提高了托管业务的管理效率。2014年7月，宁波银行继中国工商银行、中国农业银行等银行后成为市场上第六家发布专业托管网银系统的托管银行。2014年12月，宁波银行正式上线易托管系统，从根源上解决了客户传真查询难、信息反馈不及时等问题，帮助客户即时了解业务开展进度，实现整个项目运作过程中托管信息和处理指令实时有效交互，更好地保障了托管项目高效顺畅运作。

第二十五节　广州农村商业银行

广州农村商业银行资产托管部成立于2013年9月。2014年1月9日，广州农村商业银行获得证券投资基金托管资格，成为全国第21家获得托管资格的商业银行及全国首家获得托管资格的农村商业银行。自开展资产托管业务以来，广州农村商业银行切实执行“诚实信用、谨慎勤勉”的托管人职责，截至2014年末，资产托管规模近1 300亿元，累计托管产品数200多个，产品类型涵盖公募基金、基金专户、证券公司集合/定向/专项计划、资产管理计划、信托计划、股权投资基金、银行理财产品等。

一、延伸托管服务内涵，加大与资产管理人的合作深度

广州农村商业银行充分发挥托管业务的媒介和桥梁作用，通过整合行内外资源，加大与资产管理人的合作深度，除提供高效、安全、便捷的基础托管服务外，还根据资产管理人的不同个性化需求，主动为资产管理人提供综合性增值金融服务，延伸了托管服务的内涵，实现了资产托管业务与资产管理业务的联动发展。

二、细分目标市场，推动托管规模快速增长

2014年，广州农村商业银行以银行理财、信托财产等场外托管

业务为切入点，逐步向证券类场内托管业务扩展，同年托管首只公募基金，积累了一定的托管业务开拓和管理经验。广州农村商业银行作为全国首家取得托管资格的农村商业银行，制定了以华南地区为辐射、逐步覆盖全国的经营战略目标。广州农村商业银行通过准确把握客户需求，首先拓展广东省内农商机构的理财产品，以及华南地区银行与同业机构理财产品、资管计划等非标产品，逐步推进至与全国范围的券商、基金等资管机构的全面合作，托管规模和托管产品的类型实现了较快速的增长。

三、不断完善内控体系，确保托管业务的安全、稳健运行

广州农村商业银行自开展托管业务以来，始终秉承“业务发展与风险管理并重”的经营理念，建立了完整、科学、有效的资产托管业务内控制度体系，将风险管理的理念贯穿到各个业务环节中，在业务开展中不断整合、修订各业务操作程序和流程，并在实践中不断完善。通过托管业务系统化及流程化的管理，实现了对托管业务所有环节的全面风险监控，防范各类可能的业务风险，从而确保托管业务的安全、稳健运行和可持续发展。

第二十六节　江苏银行

江苏银行于2014年6月23日获批证券投资基金托管资格，12月26日获批保险资金托管资格。全面开展业务半年以来，江苏银行紧密围绕托管业务发展战略规划，着力打造以基金、保险、信托、券商、中小银行为核心的“互惠互利、相融共生”的综合化经营平台，不断增强同业合作和银企合作的黏性，持续提升全行托管业务核心竞争力。截至2014年末，江苏银行托管资产总规模达到1 366亿元。

一、拓展产品体系，提升服务能力

江苏银行着力完善资产托管业务产品体系，通过精心打造10

个核心产品、努力开拓创新型产品，不断拓展资产托管业务产品线。经过半年时间的发展，江苏银行资产托管产品线已经涵盖证券投资基金、银行理财、信托、保险资金、证券公司资管计划、基金（子）公司资管计划、私募投资基金、交易资金、受托收付资金等10余大类20多子类托管业务品种。江苏银行通过建立完善总分支行三级托管的业务运作体系，持续优化业务审批、合同审核、运营操作等业务流程，不断加强学习与同业交流，着力提升专业化服务水平，提高资产托管业务服务效率。

二、整合行内资源，推动全行营销

江苏银行大力整合行内资源，做好全员营销和各业务条线的融合营销、交叉营销、联动发展，充分挖掘公司、零售、投行、同业资金业务发展过程中积淀下来的地脉、人脉、业务资源，加深托管业务经营深度，推动托管业务发展。通过总行总对总营销、总分支行联动营销、分行重点营销三个层次的并驾齐驱，全力推动全行营销重点目标客户，发掘客户需求。指导各分支行制订详细的工作计划和营销推动方案，实现指导明确、责任落地、动态管理、定期评价。

三、加强风险管理，实现平稳发展

江苏银行通过不断完善风险管理组织架构，推进多层次的托管业务风险管理体系，建立了覆盖资产托管业务的事前、事中、事后全过程的风险管理机制。不断完善资产托管业务管理制度，制定业务操作规程、业务模式库及作业指导书，实现业务流程标准化、制度化。不断完善资产托管业务系统，根据业务情况定制开发功能模块，实现个性化需求，通过系统实现对风险的管控。开展针对托管业务的专项检查，梳理已发生业务开展情况。加大培训力度，指导分支行业务人员开展业务，促使业务人员精通业务、熟悉流程，降低操作风险。

第六章　新常态下的资产托管业务发展

第一节　利率市场化下的资产托管业务发展

利率市场化是金融领域的一项根本性变革，也是市场经济的特征之一。我国利率市场化在1993年正式提出，近年来利率市场化进程明显提速。商业银行、证券公司、基金公司、保险公司等金融机构是市场经济的重要参与者，也是对利率最为敏感的市场主体。利率市场化将给各类金融机构带来全方位的业务空间与挑战，同时也给商业银行资产托管业务带来新的机遇和挑战。

一、利率市场化的背景

利率市场化是我国金融体制改革的重要环节，在借鉴其他国家经验的基础上，我国利率市场化改革按照党中央、国务院的统一部署稳步推进。在利率品种方面，利率市场化进程的总体思路遵循“先货币市场、债券市场利率市场化，后放开贷款利率，最后完成存款端利率市场化”。

（一）先行放开银行间同业拆借市场利率

1995年11月，根据国务院有关精神，中国人民银行撤销了各商业银行组建的融资中心等同业拆借中介机构。从1996年1月起，所有同业拆借业务均通过全国统一的同业拆借市场网络办理，从而生成了中国银行间同业拆借市场利率CHIBOR。1996年5月，中国人民银行发布的《关于取消同业拆借利率上限管理的通知》明确指出，银行间同业拆借市场利率由拆借双方根据市场资金供求自主确定。银行间同业拆借利率正式放开，标志着利率市场化迈出了重要的第一步。

（二）逐渐放开债券市场利率

1996年，财政部通过证券交易所市场平台实现了国债的市场化发行。1997年6月，人民银行下发了《关于银行间债券回购业务有关问题的通知》，银行间债券回购利率和现券交易价格实现了市场化。1998年9月，国家开发银行首次通过人民银行债券发行系统以公开招标方式发行了金融债券，政策性银行金融债券实现了市场化发行。1999年10月，财政部首次在银行间债券市场以利率招标方式发行国债，从而完成了债券市场利率的市场化改革。

（三） 稳步推进存贷款利率市场化

我国存贷款利率市场化的思路是“先外币、后本币；先贷款、后存款；先长期、大额，后短期、小额”。从2000年9月至2004年，人民银行分步放开了国内外币存款利率，2004年10月放开金融机构贷款利率上限和存款利率下限，标志着我国利率市场化改革实现了阶段性目标。2013年7月，我国全面放开金融机构贷款利率管制。尽管目前银行存款利率的上限还未完全放开，可以预期在存款保险制度等相关配套措施出台后，取消存款利率管制，完全利率市场化的目标有望尽快实现。

二、利率市场化为资产托管业务带来的新机遇

利率市场化推动商业银行转型发展，促进大资管行业加速发展，从而为资产托管业务快速发展提供良好机遇。同时，多元化的投资需求激发金融创新，托管银行差异化竞争格局显现。作为资产管理行业的服务机构，伴随大资管业务蓬勃发展，资产托管业务的发展也将水涨船高。

（一）利率市场化推动银行经营模式转型，资产托管业务战略地位不断提高

利率市场化加速，金融脱媒日益加快，存贷利差减小以及信贷资产占比下降的趋势下，银行以存贷利差为主要盈利来源的传统

模式受到挑战，因此，商业银行越来越重视中间业务的发展，不断提高中间业务收入比重。资产托管业务作为商业银行的战略新兴业务，具有不消耗银行资本、风险较低、收入稳定、资金沉淀、业务协同效应明显等优点，多家银行都将资产托管业务作为发展重点。

资产托管业务作为一项“资本节约型”的优质业务，是完全依靠服务收费的新型中间业务，不占用商业银行的风险资产和银行自有资本金，基本不形成银行的资本消耗。在相同资本金条件下，业务量可大于甚至数倍于传统业务，为银行带来良好的综合收益，托管业务收入与信贷损失不相关，可弥补信贷损失造成的缺口，对冲流动性风险，降低银行业务的整体风险。托管业务具有“一次营销、稳定收费、长期受益”的独特优势，只要托管产品存续，每年可以收取稳定的托管费收入，直接增加中间业务收益。如证券投资基金，托管年费率为基金净值的0.2%左右，而其中开放式基金基本是无期限存续，可为托管银行贡献持续可观的托管费收入。截至2014年末，国内25家商业银行（外资银行除外）托管费收入合计达370.5亿元，部分大行的基金托管费收入已占其全行中间业务收入的10%以上。

同时，由于托管资产在资产配置、清算周期和交易赎回安排上存在差异，按照监管要求及产品投资运作需求，托管账户中将长期沉淀一定比例的闲置资金。托管存款与普通存款相比，一是多数以活期存款方式存在，资金成本低；二是资金量大，且稳定性较高；三是作为托管资产的组成部分计提托管费收入。这些特点使得托管账户内的沉淀资金成为可供商业银行综合使用的稳定存款，且付息成本较低，为商业银行的经营转型提供了有力保障。

（二）利率市场化推进大资管行业及金融创新

1. 投资需求多样化。随着监管机构对行业管制逐渐放松，大资管行业蓬勃发展，未来投资者对于理财产品的需求将不断提升，多元化的投资渠道及投资产品层出不穷，包括公募及私募基金、理财产品、信托计划、专项资产管理计划、债权投资计划、资产证券化等必将进一步丰富和完善中国的资产管理市场，为商业银行资产托管业务快速发展提供良好条件。截至2014年末，我国银行理财、信托、保险、券商资管、公募基金以及基金子公司在内的资产规模合计达到57.5万亿元，较2013年末约40万亿元增长42%。

2. 金融创新多元化。利率市场化过程中必然会带来金融创新业务的广泛开展。从国际经验看，美国银行业为了规避管制推出了各种新的金融工具和业务，如大额可转让存单、银行商业票据、可转让提款通知账户、自动转换储蓄账户以及回购协议等。近年来，我国金融机构也推出了多种多样的创新金融产品，如以余额宝为代表的互联网基金产品，在基金销售平台、流程设计、T+0快速赎回等方面创新频出；从套期保值和投机的角度来看，与国债期货、股指期货相关的衍生品需求必定会大量增加，衍生产品市场将会快速发展。

（三）利率市场化促进差异化竞争格局

差异化竞争是一个金融机构的核心竞争力。随着利率市场化的推进，资产管理行业间的壁垒已经被打破，各家金融机构基本处于同一起跑线，但不同金融机构在资金成本、产品设计、目标客户、风险偏好等方面的差异将日趋明显，各金融机构将在各自擅长领域发力；另一方面，银行、券商、基金、保险将会立足自身，采取与其他金融行业和部门进行合作的方式，来增强风险管理能力，并逐步提高资产的收益率和运用效率。托管银行应该积极把握跨界融合的业务趋势，不断探索新的业务机会，积极参与以获得市场份额。

利率市场化对金融市场体系的影响是全面的，银行经营模式的转变以及各类非银行金融机构的快速发展，都给金融行业带来了深远的影响。

三、利率市场化给资产托管业务带来的挑战

（一）金融创新对托管服务提出更高要求

利率市场化推动市场创新步伐不断加快，创新产品日益呈现

差异化、复杂化的特征，客户需求也更多呈现多样化、个性化的特征，这些都对托管银行的专业能力提出更高的要求。而目前国内托管银行托管产品同构化、服务同质化现象比较普遍，针对市场及客户的新产品、新需求，托管服务响应程度较慢。在金融创新日益频繁的今天，托管银行需要围绕终端客户的体验，紧跟金融市场创新，充实专业化人才储备，创造更多的服务价值。

（二）托管信息系统研发投入有待加大

资产托管规模不断增大，高频交易不断增加，高效、稳健、安全的业务处理系统是资金交易安全的保障。资产托管业务是对信息系统高度依赖的中间业务，然而与全球先进托管银行相比，我国托管系统建设相对不足。目前国内托管银行以中国工商银行为代表采用自主研发的托管核心系统，而其余托管银行基本采用全部或部分外购系统，对业务创新的支持力度有限。因此，托管银行还需继续重视并加大信息系统的研发投入。

（三）风险管理及防范意识需要加强

一方面，利率市场化对营运系统清算时效性以及会计核算方式多样化要求提高，同时对营运系统利率操作和计息功能也要求更高，需要对系统可能出现的操作风险更加重视并加以防范；另一方面，互联网金融异军突起，P2P网贷、股权众筹等创新模式不断涌现，引入托管制度虽然可以有效控制产品运作风险，但也加大了托管银行自身的操作及声誉风险。托管银行需要加强风险意识，优化托管操作流程，提高内控管理水平，保证托管业务安全、稳健地运行。

第二节　人民币国际化下的资产托管业务发展

人民币国际化是近几年金融领域的热点话题。在人民币国际化趋势的推动下，跨境投资通道不断拓宽，包括RQFII、RQDII、沪港通等在内的一系列跨境人民币投资产品应运而生，在满足全球投资者对人民币计价产品投资需求的同时，也为我国商业银行的资产托管业务带来了一场前所未有的变革和发展机遇。从此，我国资产托管业务在其全球化的发展道路上迈出了重要一步。

一、人民币国际化的背景

2009年7月，以中国人民银行与相关部委联合发布《跨境贸易人民币试点管理办法》为标志，人民币国际化的大幕正式开启。五年来，经常账户的人民币输出推升了人民币国际化水平，以跨境贸易结算和人民币离岸市场为发展主线，促进贸易和投资便利化为发展特点的人民币国际化进程显著。2014年以来，人民币国际化持续推进，主要表现在人民币离岸市场发展迅速、离岸人民币债券发行量加大、境内外人民币投资渠道增多、人民币跨境流动活跃等多方面。

李克强总理在2014年政府工作报告中提出“保持人民币汇率在合理均衡水平上的基本稳定，扩大汇率双向浮动区间，推进人民币资本项目可兑换”。在我国政治经济迈入新常态的大背景下，经济结构全面转型升级，人民币国际化作为实现中国金融环境变革的重要抓手，急需金融领域的深刻变革。在当前推进以“一带一路”建设为代表的区域经济合作背景下，资本账户输出人民币的前景越来越明朗，加快推进人民币实现资本项目可兑换将成为人民币国际化下一阶段的主要发展目标。

二、人民币国际化为资产托管业务带来的机遇与挑战

（一）全球客户营销及托管网络的建设

随着人民币国际化进程的深入以及我国资本市场的加速开放，跨境资本流动越来越频繁，为境内托管银行创造业务机遇的同时也带来了前所未有的巨大挑战。2014年，各家托管银行紧跟市场发展形势，加速业务转型调整，充分发挥各自优势，建立起适合本行业务发展需要的全球营销和托管网络。目前，在跨境人民币资产托管

业务领域中，工行、农行、中行、建行、交行五家国有商业银行的业务领先优势已基本形成。

中国工商银行为寻求全球托管业务新增长点，充分发挥系统自主研发能力，夯实全球托管网络建设。系统支持是开展全球托管业务、实现全球化战略目标中最为关键和基础的环节。2014年7月，中国工商银行完全自主设计的全球托管服务系统（Global Investment Service System，GISS）顺利投产，使中国工商银行成为全行业内首家投产全球托管服务系统的托管银行，为中国工商银行进一步加强国际化，逐步建立和发展全球托管网络，开拓全球托管业务提供了有力的支持和保障。全球托管服务系统借鉴国际先进托管银行全球托管业务营运模式和系统建设经验，支持全球托管业务主次托管模式，具备台账管理、证券交易、公司行动、资金业务、对账管理、报文收发等多项功能。中国工商银行大力发展自有全球托管服务网络，集团内先后有8家境外机构已开办托管服务，已形成以工银亚洲、工银金融等境外机构为主要服务节点，境外托管代理人为有效补充的全球托管服务网络。全球托管服务系统已延伸至工银亚洲、工银澳门以及新加坡分行等多家境外机构。此外，配合人民币国际化发展战略，2014年中国工商银行先后在新加坡、法国、韩国举办多场大型人民币国际化与RQFII投资专题论坛，大力宣传中国资本市场与人民币国际化政策，不仅提升了人民币及RQFII相关投资方式和产品在境外市场的认知度，而且取得了良好的客户营销效果，市场反响热烈。

中国银行充分发挥“总行+主要海外分行/外资托管行”全球托管网络作用，着力提升总行/上海托管中心全球托管服务能力，同时借助集团资源，努力实现与全球托管行合作伙伴的业务资源互换。同时，继续完善海外托管业务考核和战略资源配置，加大对境内、外分行日常营销指导、人员培训及运营扶持力度，充分利用中银集团跨境业务优势，与境内、外分行及附属机构开展联动营销。2014年，中国银行借助中银香港人民币清算、托管业务及渠道业务优势，在香港市场继续保持RQFII业内领先的市场份额，并在韩国、新加坡等多地实现业务突破。在香港《财资》（*The Asset*）杂志举办的2014年度资产服务奖项评选活动中，中国银行荣获“最佳RQFII托管银行”奖，成为中外资银行中首家获得此奖项的银行。

中国建设银行建立了一套总分行联动、共同营销、维护海外客户的新模式。同时根据中国建设银行海外机构的实力逐步建立自行管理的全球托管网络体系。2014年，中国建设银行积极营销海外市场，稳步建设全球托管能力。在英国、中国香港市场举办高级QFII/RQFII论坛，在澳大利亚、英国、中国台湾、中国香港、新加坡、韩国等地进行产品推介会及多种形式营销活动，推介中国建设银行托管服务与能力，发展全球托管客户。同时全力推进香港建行亚洲信托公司的托管业务，打通总行与香港的托管服务链，实现了中国建设银行自身托管网络在亚太地区扩展的第一步，成功为多家RQFII客户提供了“香港+内地”一条龙的信托托管服务。2014年，中国建设银行连续五年荣获《全球托管人》杂志“中国最佳托管银行”奖，以及香港《财资》杂志2014年度“最佳托管专家——QFII”奖。

2014年，交通银行加大了全球托管市场开发力度。在机构设置上，交通银行是目前境内唯一在境外设立全牌照托管独立机构的中资商业银行，并进一步拓展美国、欧洲及亚太地区托管市场。在托管产品上，依托香港托管中心，在加快营销拓展QDII、QFII、RQFII等跨境托管业务以外，交通银行还托管了香港强积金、香港本地及海外基金、个人信托、主权基金、离岸人民币债等，国际产品线不断丰富。

（二）RQFII

2013年3月1日，中国人民银行、中国证监会、国家外汇管理局联合公布实施《人民币合格境外机构投资者境内证券投资试点办法》，2011年12月16日发布的《基金管理公司、证券公司人民币合格境外机构投资者境内证券投资试点办法》同时废止。该办法允许经中国证监会批准的人民币合格境外机构投资者在国家外汇管理局批准的投资额度内，运用来自境外的人民币资金进行境内证券投资业务。

RQFII业务自2011年在香港地区试点以来，试点范围不断扩大，作为境外人民币回流的渠道之一，与沪港通、RQDII等政策安排形成互补，满足全球投资者多样化的资产配置需求，对促进人民币国际化、扩大我国资本市场对外开放、支持国内机构拓展境外业务发挥着积极作用。2014年末，RQFII试点已拓展到全球10个国家和地区，可投资额度达8 700亿元人民币[①]。

截至2014年末，共有118家境外机构获得中国证监会批复的RQFII资格，覆盖中国香港、新加坡、英国、法国、韩国五个国家和地区，其中2014年获批的机构57家。

截至2014年末，国家外汇管理局累计向95家RQFII机构审批RQFII额度2 997亿元人民币，额度覆盖地区也从最初的中国香港扩大到中国台湾、新加坡、英国、法国、韩国、德国、卡塔尔、加拿大和澳大利亚。其中，中国香港地区2 700亿元人民币，其他国家和地区6 000亿元人民币。目前，中国香港的2 700亿元额度已全部用完，其他国家和地区的额度只用了297亿元（见表6-1）。相比于其他国家和地区，中国香港地区投资者对境内的监管政策更加理解和接受，因此目前香港地区的额度需求仍较为旺盛。

① 2015年1月21日，中国人民银行与瑞士国家银行签署合作备忘录，就在瑞士建立人民币清算安排有关事宜达成一致，并同意将人民币合格境外机构投资者（RQFII）试点地区扩大到瑞士，投资额度为500亿元人民币。

表6-1　截至2014年末，RQFII市场总额度及额度使用情况

国家和地区	总额度（亿元）	使用额度（亿元）
中国香港	2 700	2 700
中国台湾	1 000	0
新加坡	500	98
英国	800	109
法国	800	60
韩国	800	30
德国	800	0
卡塔尔	300	0
加拿大	500	0
澳大利亚	500	0
合计	8 700	2 997

数据来源：国家外汇管理局网站。

2014年11月，财政部、国家税务总局、中国证监会联合公布《关于QFII和RQFII取得中国境内的股票等权益性投资资产转让所得暂免征收企业所得税问题的通知》。该《通知》规定，自2014年11月17日起，对QFII、RQFII取得来源于中国境内的股票等权益性投资资产转让所得，暂免征收企业所得税。该《通知》使多年来一直困扰境外投资者的境内投资税收问题得以明确，更加提振了投资者信心，增强了境内资本市场的吸引力。

（三）RQDII

2014年11月，中国人民银行发布《关于人民币合格境内机构投资者境外证券投资有关事项的通知》，该《通知》规定人民币合格境内机构投资者（RQDII），即取得国务院金融监督管理机构许可并以人民币开展境外证券投资的境内金融机构，可以自有人民币资金或募集境内机构和个人人民币资金，投资于境外金融市场的人民币计价产品（银行自有资金境外运用除外）。这标志着RQDII业务正式放开。

作为沪港通的配套机制，RQDII意味着个人可以通过向金融机构购买境外人民币产品。此举拓宽了人民币资金的双向流通渠道，满足了投资者多样化的投资需求，刺激了境外人民币金融产品的拓展。在离岸市场中，随着国际投资者和人民币投资机构的增多，以人民币计价的金融产品也不断增加，加之近年来离岸人民币结算业务的展开，境外投资者可通过结算行兑换人民币，增加了人民币投资交易的流动性，这也是我国人民币国际化进程中的一个重要步骤，标志着人民币国际化正在从贸易项下逐步向资本项下开放转变。

该《通知》同时要求RQDII开展境外投资，应当凭国务院金融监督管理机构对合格投资者境外投资资格的许可文件，在具有相应托管业务资格的境内托管银行处开立境内人民币托管账户。

（四）沪港通

2014年6月，中国证监会公布《沪港股票市场交易互联互通机制试点若干规定》。11月17日，沪港股票市场交易互联互通机制（以下简称沪港通）试点正式实施。沪港通是指上海证券交易所（以下简称上交所）和香港联合交易所有限公司（以下简称联交所）建立技术连接，使两地投资者通过当地证券公司或经纪商买卖规定范围内的对方交易所上市的股票。沪港通包括沪股通和港股通两部分。其中，沪股通是指香港投资者委托香港经纪商，经由联交所设立的证券交易服务公司，向上交所进行申报，买卖规定范围内的上交所上市的股票。港股通，是指内地投资者委托内地证券公司，经由上交所设立的证券交易服务公司，向联交所进行申报，买卖规定范围内的联交所上市的股票。

沪港通业务充分借鉴了市场互联互通的国际经验，采用较为成熟的订单路由技术和跨境结算安排，为投资者提供便捷、高效的证券交易服务。沪港两地市场双向开放，试点初期实行额度控制，投资者通过沪港通可以买卖对方市场规定范围内的股票，并双向采用人民币交收。与QFII、RQFII、QDII等制度的安排不同，沪港通业务的推出有利于投资者直接配置大陆的人民币资产，满足投资者个性化的资产配置需求，为投资者跨境投资提供更加灵活的选择，在促进我国资本市场双向开放方面发挥积极作用。

为满足托管产品投资于沪港通的服务需求，中国工商银行、中国农业银行、中国银行等均于沪港通试点正式实施前完成了与中国证监会、上交所、中国证券登记结算有限责任公司等各方的沟通工作，同时完成了对现有托管系统的改造升级与测试并正式投产，顺利获得沪港通结算银行资格，确保了沪港通产品的顺利运作。截至目前，中国工商银行成功托管南方恒生沪港通ETF产品，中国农业银行成功托管华夏沪港通恒生ETF以及华夏沪港通恒生ETF连结基金。据了解，中国证监会将会同有关部门，进一步完善沪港通业务机制，并有望于2015年内研究推出深港通业务。

（五）境外三类机构投资境内银行间债券市场

2010年8月，中国人民银行公布实施《关于境外人民币清算行等三类机构运用人民币投资银行间债券市场试点有关事宜的通知》（银发［2010］217号），允许境外央行或货币当局、港澳地区人民币业务清算行、跨境贸易人民币结算境外参加银行等三类机构使用人民币投资境内银行间债券市场。截至2014年10月末，共有90家境外三类机构获准投资境内银行间债券市场。与QFII、RQFII和QDII、RQDII等产品的监管政策不同，境外三类机构投资境内银行间债券市场并没有强制引入托管机制。但是，仍有很多境外机构出于资产安全性和运作便利性等方面的考虑，指定境内托管银行为其提供账户开立、资产保管、清算交收、公司行动、资金划拨以及资产托管报告等日常托管服务。

三、人民币国际化发展的趋势特点

根据中国银行编制发布的《中国银行人民币国际化业务白皮书

（2014年度）》中对3 162家境内外企业的有效反馈分析得出的结论显示，2014年人民币国际化的发展主要呈现出以下趋势特点：

（一）人民币国际化自我发展的内生动力在逐步形成

人民币跨境使用的基础是客户需求。与2013年相比，本年度受访企业对人民币国际化地位和人民币跨境流通使用水平的预期更加积极乐观；实际跨境交易中使用人民币结算的比例稳步提高；中国大陆以外的第三方之间发生人民币实际收付的范围和规模明显上升；跨境人民币使用意愿持续高涨。从这些积极变化中可以看到人民币国际化自我发展的蓬勃内生动力。未来一系列新的跨境人民币业务试点政策将更进一步增强这种动力，逐步形成人民币跨境使用的网络效应，即使用跨境人民币的客户越多，使用人民币的支付结算成本会降低，便利性提升，从而吸引更多客户加入使用跨境人民币的行列，形成一个自我强化的过程。

（二）人民币计价结算职能进一步增强

调查显示，当境内企业面临不利的汇率变动时，表示能够完全坚持本方报价或者外方做出较大让步的企业占比在逐步上升，而反馈本方做出较大让步、承担更多汇率变动损失的企业比例明显下降，说明境内企业以人民币定价的主动权逐步得到改善，人民币作为计价货币，在规避对外贸易汇率风险中的作用得到更充分的体现。

（三）扩大人民币跨境使用应完善基础产品，推进关键产品创新

调查显示，超过五成的境外企业认为交易结算是否便利是影响人民币跨境使用便利性的主要因素，跨境人民币结算和融资等传统产品是受访企业中使用最为普及的产品。这些调查结果说明，进一步推广人民币跨境使用，仍应着眼于完善跨境人民币结算等基础产品，进一步简化业务流程，提升资金结算的安全、快捷和便利性。

同时，外汇交易、全球现金管理等组合产品也是境内外受访企业在跨境交易中关注度较高的产品。其中，外汇交易产品是衔接人

民币与其他国家货币的纽带，是管理汇率风险的重要工具；全球现金管理是便利跨国经营企业加强全球资金归集使用、提升资金使用效益和效率的重要手段。推进上述关键产品的创新，如开发更多人民币直接交易品种，拓宽资金归集和运用渠道等，对人民币的跨境使用将产生重要的推动作用。

（四）扩大人民币跨境使用，应关注和服务跨国经营及“走出去”企业

调查显示，财富500强企业的跨境人民币业务更加全面，不仅有人民币收付需求，也有人民币资产负债管理的需要，此类企业的人民币业务发展对于活跃离岸人民币市场供求发挥着重要作用。同时，境外设立的中资企业是跨境人民币结算使用比例最高的境外客户群体，也是推广普及跨境人民币贸易结算和投融资潜力最大的客户群体之一。跨国经营企业和“走出去”企业将成为人民币跨境使用的重要带动者，而人民币国际化程度的不断提高，也将为相关企业带来更多的融资结算便利，为企业跨境经营提供可靠保障。

第三节　资本市场改革下的资产托管业务发展

一、资本市场改革的背景

2014年5月9日，国务院印发《关于进一步促进资本市场健康发展的若干意见》（以下简称新国九条）。这是时隔十年后，再次以国务院层面提出促进资本市场健康发展顶层设计，从“发展多层次股票市场、规范发展债券市场、培育私募市场、推进期货市场建设、提高证券期货服务业竞争力、扩大资本市场开放、防范和化解金融风险、营造资本市场良好发展环境”等九个方面，提出了进一步促进资本市场健康发展的总体要求和具体任务。

在新国九条顶层设计的指导下，中国资本市场制度和基础设施建设得到了稳步推进，多层次资本市场建设在体系构建等方面取得

了突破，金融创新进入了高峰期。资本市场市场化、法治化、国际化步伐加速。新三板、股票发行注册制、沪港通试点、并购重组、退市制度等一系列改革措施，引领资本市场生态格局新变化。作为引领未来资本市场发展的纲领性文件，新国九条全面奠定了资本市场在未来经济发展改革方面的主导定位，影响波及整个金融市场参与机构。

（一）新三板市场的建立

2013年12月14日，国务院发布《关于全国中小企业股份转让系统有关问题的决定》，明确规定“全国股份转让系统是经国务院批准，依据证券法设立的全国性证券交易场所，主要为创新型、创业型、成长型中小微企业发展服务”，为新三板挂牌公司和市场监管奠定了法律基础。针对中小企业直接融资需要的新三板市场是继上海证券交易所、深圳证券交易所之后成立的第三家全国性证券交易所，定位于为创新型、创业型、成长型中小微企业提供股票公开发行、转让及资产重组服务的证券市场。根据国家经济转型升级、战略新兴产业发展的需要，我国以往过多倚重间接融资的金融格局正在改变。新三板市场通过一系列解禁措施，在上市门槛、做市商安排、竞价交易等方面有所突破和完善，为中小企业直接融资提供了一个良好的交易场所。作为中国的“纳斯达克”，新三板市场发展潜力巨大。

（二）注册制改革的推进

中国的股票发行市场一直以来实行核准制，在市场发展的初期阶段，这种机制对于确保上市公司质量、规范市场运行和保护投资者利益方面贡献突出。但随着市场的规模逐步扩大，投资者日趋成熟，很多企业的金融需求在资本市场上受到压抑，从而限制了企业直接融资的业务需求。可以预见，2015年《证券法》的再次修订，注册制的推出将水到渠成，此举将有效降低融资门槛和成本，上市公司的融资自主权和优势会进一步提升，资本市场的快速扩容将以一种新常态的方式出现。

（三）资本市场对外开放加快

与人民币的国际化路线相辅相成，我国的资本市场开放将再上一个台阶，由此对基础服务和产品创新的需求将催生一批全新的业务机会。以沪（深）港通为代表的跨境投融资、QFII、QDII以及境内外个人直投都将有序放开，极大地丰富投资者的投资品种和投资范围，复杂的跨境投融资体系将进一步推动机构资产管理业务的繁荣发展。作为大陆资本市场积极落实《内地与香港关于建立更紧密经贸关系的安排》（CEPA）的工作安排，已经有97家香港机构获批RQFII资格，累计获批投资额度2 700亿元。沪港通作为资本市场开放的一种创新制度安排，经过近一年的准备，已经于2014年末正式投入运作，目前，沪港通总体运行平稳有序，实现了预期目标，为后续深港通、台股通等推动两岸三地资本市场合作奠定了示范效应，将进一步加快中国资本市场国际化的步伐。

二、资本市场改革发展为资产托管业务带来的新机遇

2014年，在资本市场一系列改革举措的推动下，相关细则及业务创新迅速跟进，包括116家新股IPO，沪港通、优先股试点管理办法出台、最严退市制度实施、个股期权完成筹备、新三板做市商制度正式出炉、资产证券化实行备案制等。资本市场的全面改革吸引了资金的积极流入，股票市场呈现高度活跃的状态，成交量持续不断创出历史新高，为资产托管业务带来了大量的业务机会。资本市场是资产托管业务发展的主要领域，资产托管行业将全面受益于资本市场业务的繁荣发展。

（一）新三板市场为资本托管业务提供了发展空间

新常态下资本市场机构日臻完善，新三板市场发展提速，新三板的估值洼地效应吸引了各类投资机构进入新三板市场。据不完全统计，2014年以来，多家机构设立或准备发行资管产品掘金新三

板市场，其中包括宝盈、九泰、财通、前海开源等多家基金公司，中建投、中信等信托公司、理成、鼎锋等私募基金公司等。另据了解，基金公司、券商与股转系统的对接测试已经完成，公募基金、券商资管产品已经具备进入新三板的技术条件，预计未来新三板产品的规模将急剧增长。由于新三板市场具有高风险、高收益特征，投资人格外关注对于新三板资管产品的资金安全，从而为资产托管业务发展带来机遇。除了新三板资管产品之外，新三板市场中的定增募集资金、挂牌企业发债资金、并购重组交易资金都具有托管需求。可以预见，新三板市场将成为资产托管业务发展的蓝海。

（二）资产证券化业务为资产托管业务带来新机遇

2013年8月，国务院常务会议提出进一步扩大信贷资产证券化试点规模。2014年11月，银监会下发《关于信贷资产证券化备案登记工作流程的通知》，将信贷资产证券化业务由审批制改为业务备案制。多重利好之下，资产证券化产品发行在2014年集中爆发。根据中诚信国际等机构的统计数据，2014年全年银行间市场共发行65单资产证券化产品，发行金额2 770亿元。与2013年发行6单共157亿元、2012年发行5单共192.62亿元的规模相比，数量和金额明显飙升。2014年资产证券化产品发行机构和投资机构范围明显扩大，除了此前已有的政策性银行、国有银行和汽车金融公司外，城商行、农商行、金融租赁公司和资产管理公司都加入了发行大军，部分券商自营、资管、基金和保险等投资者都开始关注和投资资产证券化产品，投资者结构有了明显改善。

除了银行体系的信贷资产证券化之外，券商资产证券化业务也取得快速发展。2014年11月证监会印发《证券公司及基金管理公司子公司资产证券化业务管理规定》，对证监会主管资产证券化项目施行备案制，券商资产证券化业务的基础资产并不局限于信贷类资产，种类更加丰富，有助于盘活存量资产，拓宽企业融资渠道、化解金融风险，促进金融机构、资本市场更好地服务实体经济。目前证监会、银监会和人民银行相继发布了资产证券化实施备案制的管理办法和操作指引。随着监管政策的进一步松绑，资产证券化业务具有良好的发展潜力，丰富了资产托管业务的产品类型，为资产托管业务带来新的发展空间。

（三）资本市场开放强化托管业务服务水平

我国资本市场的逐步开放，对于提供投资者服务的托管人提出了更高的要求。托管机制作为国际资产管理行业中最为重要的一项基础设施之一，在跨境清算支付、监管政策对接、系统支持水平方面有大量的工作要做。全新的资本市场跨境投资模式正在深刻改变和丰富着国内资产托管的业务模式和服务内涵，同时国内托管银行也要紧跟国际发展潮流，推进国内资产托管服务与国际先进水平接轨。主要体现在以下两个方面：

1. 由投资链条的后端向全投资链条各个环节渗透。目前，随着投资市场跨界日益复杂，资产管理人和托管人之间的专业分工正在进一步加剧，托管人需要转变原有传统的服务模式、服务理念和服务方式，适应新环境的变化。除基础的托管服务外，取而代之的将是产品设计、产品销售、托管服务、项目投资、其他银行服务等整体服务的探讨与营销，托管银行与资产管理公司之间利益共同体关系将越来越明显。随着资本市场的开放，监管部门、投资人及资产管理公司对资产托管服务的需求不断提升，资产托管服务将由简单的服务向多层次的综合金融服务方向发展。

2. 由同质的托管基础服务向综合金融服务转型。托管银行将改变以往同质化竞争模式，开始探索包括基金行政服务、会计外包、信息咨询、现金管理、外汇服务、绩效管理、风险分析等托管增值服务。2013年末，全球托管银行提供基金行政服务的规模已超过31万亿美元，是同期我国托管市场总容量的6倍多，基金行政的收费通常是单纯托管服务的4~5倍。增值服务的发展与探索，有利于托管服务的延伸，改变目前托管市场服务同质化的现状，发挥各托管人的优势形成托管行业良性竞争，分享资本市场的发展，提高托管人收费水平，形成百花齐发、百家争鸣的托管服务环境，更好地为资产管理机构提供优质的投资者服务。

三、资本市场改革发展给资产托管业务带来的挑战

展望2015年，资本市场改革进入攻坚阶段，改革举措密集落实，在带来新机遇的同时，也要求资产托管行业与时俱进，紧跟改革步伐，做好直面市场变化和挑战的准备。

（一）资产托管服务产品类型不断增加

随着多层次资本市场体系的发展，债券市场、私募市场以及期货市场的持续完善，资本市场投资范围在可预期的未来将会不断增加，由此衍生出资产托管服务所涉及的市场品种将不断增加，将对托管人的专业能力和创新能力提出全新挑战。

（二）资产托管业务准入的放开进一步加剧竞争

在当前分业经营的前提下，托管业务的行业壁垒正在被打破。2012年监管层向券商开放了基金托管业务准入。截至2014年末，已有6家券商获得了基金托管业务资格，11家券商获得私募基金托管业务资格。除此之外，第三方支付机构也开始介入资产托管市场，竞争主体的多元化导致竞争的差异化，托管业务的竞争开始由原来单纯的业务竞争转向基于平台综合服务体系的竞争，由单点竞争转向整个资管产业链的竞争。对托管银行来说，必须结合自身资源禀赋，充分整合自身在负债端、资产端方面的业务资源优势，跳出托管做托管，做强资管产业链，从而做强托管业务。

（三）国内托管银行国际化服务水平亟待提升

依托资本市场走出去的不仅仅包括资产管理人，更重要的是资产托管人是否能与国际水准接轨，未来资本市场的全面开放对托管银行提出了更高的要求。考虑到系统对接、体制互通、渠道建设等问题，包括跨境清算支付能力、全球化托管服务网络建设、多维信息服务体系建设、法律监管体系、会计核算准则及估值体系等，托

管业务平台如何适应跨境资本市场业务的需要已经成为行业发展的重要议题之一。

第四节　互联网金融下的资产托管业务发展

随着移动支付、社交网络和云计算等以互联网为基础的现代信息科技的应用，互联网与传统金融行业相结合的新兴业务模式——互联网金融应运而生。近年来，第三方支付机构如雨后春笋般出现，以“余额宝”为代表的互联网理财领域火热，P2P网贷、股权众筹市场快速发展，互联网金融逐渐进入社会大众的经济生活，成为国内金融领域的不可或缺的重要组成部分，为资产托管业务发展带来新的机遇与挑战。

一、互联网金融的内涵

互联网金融是通过互联网与移动技术为客户提供金融服务，是依托于云计算、大数据等互联网技术，以及网络支付、社交网络、搜索引擎等互联网工具，实现资金融通、支付和金融信息中介功能的新兴金融模式。广义的互联网金融既包括互联网企业从事的金融业务，也包括金融机构通过互联网开展的业务。狭义的互联网金融仅指互联网企业开展的、基于互联网技术的金融业务。从狭义上来说，互联网金融可以分为第三方支付、P2P网贷平台、股权众筹、互联网理财平台等类型。

互联网金融主要有以下三大作用：一是以大数据、云计算、社交网络和搜索引擎为基础，挖掘客户信息并管理信用风险。互联网金融主要通过网络生成和传播信息，通过搜索引擎对信息进行组织、排序和检索，通过云计算处理信息，有针对性地满足用户在信息挖掘和信用风险管理上的需求；二是以点对点直接交易为基础进行金融资源配置。资金和金融产品的供需信息在互联网上发布并匹配，供需双方可以直接联系和达成交易，交易环境更加透明，交易成本显著降低，金融服务的边界进一步拓展；三是通过互联网实现以第三方支付为基础的资金转移，第三方支付机构的作用日益突出。

近年来，金融机构的互联网业务创新进程加快，主要表现在搭建互联网平台、挖掘信息数据、设计创新的金融产品等方面。

类型一：商业银行或保险公司搭建的电子商务和金融服务综合平台，客户可以在平台上进行销售、转账、融资等活动。平台不赚取商品、服务的销售差价，而是通过提供商务平台、支付结算、企业和个人融资担保、信用卡分期等金融服务来获取利润。例如，工商银行“融e购”、建设银行“善融商务”、交通银行“交博汇”等。

类型二：商业银行自行搭建P2P网贷平台，利用客户资源，撮合借贷交易。例如，招商银行“小企业E家”、民生银行“民生易贷”。

类型三：基于金融机构自有网络平台的基金销售，实质是传统基金销售渠道的互联网化，即基金公司等基金销售机构通过互联网平台为投资人提供基金销售服务。例如当前各大基金公司自身搭建的基金直销网络平台和手机APP。

类型四：广义和狭义互联网金融的结合，宝宝类基金产品或券商资管产品，基金公司或券商设计针对互联网用户的特点定制的金融理财产品，通过互联网渠道销售，降低销售成本、扩大客户群体、提升客户体验。例如，“现金宝”等47只宝宝类基金产品，规模累计达10 000亿元。

二、互联网金融与资产托管业务相互促进

（一）互联网金融发展需要托管机制介入

目前，互联网金融发展主要集中在互联网理财、第三方支付、P2P网络借贷、股权众筹等方面。互联网金融的快速发展，丰富了资产托管服务领域。

1. 互联网理财平台运作离不开托管服务。无论是“余额宝”

还是“天天基金”等第三方互联网理财平台，都是发挥互联网平台性、便捷性和接入普及性的优势，积聚单一机构无法拥有的海量客户资源，快速延伸金融产品营销渠道。但互联网理财平台仅是一种新型的金融产品销售平台，它需要托管银行提供账户管理、资金结算支付、资产估值和风险控制等托管专业服务。因此，互联网理财平台需要与托管服务相结合，构建金融产品从营销到运作的有机链条。这也是中信银行、民生银行等托管银行承接“余额宝”、“天天基金”托管服务的基础。

2. 第三方支付需要托管服务有机配合。在网络借贷平台中第三方支付机构主要发挥跨行支付清算功能，不具备提供各类托管服务能力。同时，网络借贷平台中所需要的资产风险隔离、安全保管、实时清算、估值核算、投资监督、报表报告等服务只能由托管机构提供。托管银行与第三方支付机构在网络借贷平台业务分工不同，各有专长。

3. P2P健康发展需要引入银行托管。当下新型的金融理财方式——P2P发展迅速，其资金和信息全部由平台掌握。尽管已引入第三方支付公司进行监控，但由于用户的资金是统一存放在以支付公司名义开具的银行账户中，银行无法有效甄别账户和监督资金流向，因此支付公司存在挪用的可能性，致使P2P出现“跑路”现象。

托管银行在系统、人员、风险控制及客户信任度等方面有先天优势，可以将交易资金和自营资金隔离，并能确保资金划拨和资金结算的安全性。托管银行将自身支付结算、风险控制等方面传统优势与网贷平台相结合，可实现资金流、信息流分开管理的控制目标，即网络借贷平台负责信息流管理，托管银行负责资金流管理，将客户的交易资金和平台自有资金严格隔离，防范风险。此外，托管银行自身的抗风险能力较强，经营稳健性也更有保障。

（二）互联网金融促进资产托管业务发展

1. 互联网理财平台延伸托管机构销售半径。互联网理财平台突破单一托管机构自身的金融产品销售的客户群体地域限制，将托管产品营销服务渠道由金融机构扩展至互联网企业，大大扩展托管机构的客户规模、客户群体类型，增加销售接触面和销售便捷性。例如中信银行与支付宝联手推出“余额宝”，通过对接的庞大互联网客户群体以及互联网金融新增客户边际成本极低等优势，不仅在短期内拓宽该行托管基金的销售渠道，实现基金托管规模的急速扩张和基金托管业务弯道超越；同时解决了对利润贡献度偏低的低收入客户关注较少的问题，快速开发这一传统银行所忽视的中低端客户群体，使得托管服务更加惠及百姓。

2. 第三方支付与托管银行形成优势互补的支付体系。

与托管银行相比，第三方支付机构具有两大优势：一是资金跨行支付的便利。托管银行受人民银行账户系统转账时间及金额的限制（跨行5万元以上走大额支付，时间为工作日8:30至17:00，五万元以下走小额支付，时间不限），在跨行资金清算上存在一定的不足。二是资金垫款便利，第三方支付机构可采用垫款方式保证客户资金使用，目前大多数银行难以提供该服务。因此托管银行与第三方支付结合可发挥双方强项，使得互联网金融客户既可以体验到安全高效专业的托管服务，同时也能享受跨行支付与垫款这些服务便利。

互联网金融存在风险隔离与资产管理的缺陷，使其需要托管银行从运作机制、账户管理以及专业化服务方面加以补充。通过引入资产托管服务，互联网金融能够获得专业风险控制体系与专业托管支持，将大力促进互联网金融的持续健康发展。同时，这也为托管机构增加收入带来机遇，有利于促进资产托管业务繁荣发展。

三、互联网金融为资产托管业务发展带来的新机遇

（一）互联网与资管机构跨界融合加速，形成多生态托管业务发展格局

互联网金融的出现，加速了互联网企业与各类金融机构融合

发展态势：一是金融机构成立互联网部门或公司，打造自身的互联网金融服务平台，银行、券商、保险公司将其线下业务集中在线上运作，将线下资源与线上资源进行有机整合，如证券交易、金融资讯服务与托管业务有机整合，实现最大效益。二是金融机构与互联网企业联手进行更广泛融合，一些商业银行、证券公司、基金公司与互联网平台开展合作，借助互联网平台拓展金融产品的交易与销售。三是互联网企业已不满足在产业链下游作为金融机构的营销渠道，成立一些新型金融机构，如微众银行，直接按照互联网思维进行经营，实现金融产业链的全覆盖。互联网金融与金融互联网呈现你中有我、我中有你的双向融合发展，有效整合与精准定位各类金融服务的需求，实现托管金融产品的多元化、服务集成化，将激活托管市场潜力，扩大托管市场总体规模。

（二）发挥互联网替代传统金融中介功能，增加资产托管业务新领域

传统融资业务需要金融机构的媒介作用，通过金融中介发挥专业优势，减少信息不对称带来的风险。媒介本身会产生交易费用，增加融资成本，传统商业银行对这一问题未能有效地解决。P2P网贷通过运用互联网技术，把资金出借方和需求方结合在一起，提供信息咨询、交易撮合、支付结算和贷款管理等服务，其便捷的融资渠道，高效的理财方式、先进的服务模式降低了信息不对称和交易成本，是促进投融资者无障碍沟通的跨界产物。随着互联网金融监管落实，托管机构加快引入，P2P交易资金和自营资金将得到有效隔离，P2P资金划拨和资金结算安全性得到保障，这一业务市场将得到快速发展，从而将成为金融行业的新蓝海。

针对客户需求及交易行为的多元化，客户需求呈现差异化特征。阿里小贷基于阿里集团积累的平台商户数据，完成客户信用评价、信贷发放。基于同样的道理，大数据技术有望改变传统金融机构基于成本考虑只面向高收入群体提供个性化定制理财服务的现状，开发出能

够针对每个人的个性化金融理财产品，有望颠覆银行理财的供给与需求方式，极大地激发资产托管市场的巨大发展潜力。

（三）加快打造托管业务服务综合化平台，提高托管客户体验度

随着托管业态由“产品中心”向“客户中心”转变，促使各家托管机构应用互联网技术，各家托管银行加快打造托管业务服务综合平台：一是扩大托管业务系统支持托管产品或业务范围的功能，如配合托管业务创新发展，增加跨境内外期货套利对冲，各类银行理财、衍生交易的结算、投资监督等新功能；二是加快业务处理与相关系统（各业务系统之间、业务与外转市场或交易数据系统）直联，如与上清所综合业务平台、中债系统、中登深圳接口数据的对接等，提高托管业务系统内部与外部支持系统的整合程度，提高托管系统从交易—数据—指令—清算—估值—监督—绩效评估的业务直通率；三是对托管业务处理与客户服务平台进行整合，为客户提供一体化的托管服务，如招商银行在业内首推全功能网上托管银行，实现托管指令电子化、业务全流程直通化、业务与账户查询实时化、客户服务网络化等功能，为托管客户专门打造网银综合化平台。

四、互联网金融给资产托管业务带来的挑战

（一）互联网金融监管不足，托管银行实际操作面临若干风险

一是监管主体多元，监管立法有待完善。例如，P2P业务相关机构包括平台、第三方支付公司、银行等，涉及中国人民银行、银监会、财税、工商等多个监管机构，有些监管机构的法规制度存在一定的滞后，客观上造成托管银行在实际经营中难以适从。二是行业发展迅速，托管职责尚不清晰。由于P2P行业生长过快，P2P行业法规也还在制订过程中，托管银行在P2P业务中的责任界限与定位尚不清晰，给托管银行在实际业务中做好风险识别、风险隔离等造成一定困难。

由于目前互联网金融监管缺失、风险缓释机制不足，使得银行托管互联网金融业务时面对不少风险：一是操作风险。托管银行在

P2P业务托管过程中，由于借款项目真伪无从验证，一旦平台通过伪造借贷合同的方式，并开通借款人账户，平台依旧能自融或者形成资金池，对托管银行产生操作风险。二是声誉风险。由于大多数投资人仅仅简单地将银行托管理解为银行背书，因而在出现平台倒闭或者其他风险事件时，部分投资者可能会将过错转移至托管银行身上，对银行声誉带来风险。尽管托管银行在制度上有其优越性，但是并不是所有风险都可靠银行托管加以解决，并且对于上述风险，托管可能也无法做到事前预防，更多的是起到留痕和事后追责的作用。

（二）互联网发展和大数据时代到来，对托管银行提出更高要求

一是需要托管银行适应互联网时代的发展，引入开放、共享、互利的互联网思维，快速融入互联网金融与金融互联网发展浪潮之中。二是托管银行必须加快培育既熟悉资产托管业务，又了解掌握互联网金融的复合型专业人才队伍，以满足托管人才更多更高的要求。三是构建互联网托管业务平台。针对互联网金融具有的海量数据处理、7×24小时不间断服务、客户需求多样等特征，托管银行除了提供传统的核算、清算、监督等托管服务之外，更需要针对互联网金融的特点提供支付便利、数据服务等增值服务，托管银行必须加大托管业务及服务平台系统投入、建设与升级，提高托管业务处理效率，创新增值服务，增强业务交互与信息传输的便捷性与移动化，进一步加大托管业务系统开发和大数据挖掘能力。

五、互联网金融时代下资产托管业务发展趋势

互联网金融不仅改变着我们思维方式和生活状态，也将改变着这一时代下托管业务的发展动力、服务方式、竞争策略，使它不断形成新的发展态势。

（一）互联网金融与金融互联网日益融合将为托管业务提供持续发展的动力

互联网金融时代发展趋势必将是金融互联网和互联网金融的日

益融合，这也将构成推动资产托管业务发展的双向驱动力：一方面互联网金融将在更广泛领域、更大规模为更多类型机构的托管业务发展带来互联网销售渠道和平台，延伸托管机构销售半径，同时也将进一步拓宽托管产品类型（互联网基金、P2P、众筹及第三方支付等），增强托管机构移动清算和服务功能；另一方面，托管业务将进一步提升互联网金融的本质属性，补充互联网金融缺少的金融专业服务内涵，提升互联网金融的信誉度。

（二）移动化、数据挖掘和增值服务将成为托管业务未来重要的服务方式

移动互联网的快速发展和应用，促使托管机构不断加大托管系统的业务功能网络化和移动端的开发，增强托管客户服务的网络化和移动式的体验；互联网时代下的大数据分析与挖掘功能的不断增强，使得拥有庞大账户网络和海量交易数据资源的托管机构，更加注重对全面的、连续性、动态变化的托管业务数据进行整合、分析和运用，提炼其业务流程中的交易行为和客户需求，形成增值性的整合化信息服务。

（三）规模化、全球化和平台式将成为托管业务未来重要的竞争策略

随着国内托管机构准入政策的放松，国内托管机构正在由银行向非银行金融机构、由国内托管银行向全球托管机构扩延，国内托管业务市场竞争将更加激烈，托管费率将持续呈现下降趋势，托管业务规模效应将进一步凸显，以扩大托管资产规模对冲托管资产边际收益率下降的影响。未来托管业务规模扩张不仅来自于国内托管市场规模增长，而且取决于跨境托管业务规模的增加。人民币国际化进程的加快、“一带一路”战略的实施、两岸三地资本市场的互联互通推进，将持续推动QFII、RQFII、QDII等各类跨境托管持续增长，国内托管业务全球化发展势不可当。为承接更大资产规模、更多产品和业务类型、更复杂服务需求的托管业务发展，托管机构唯

有借助于互联网技术和网络化手段，加速托管系统平台化与网络化发展进程，不仅打通内部各托管业务系统、托管机构之间（主托管行与次托管行）系统、托管机构与外部数据和信息服务的连接，并且与托管客户系统实现网络化连接，形成内外部、服务与被服务机构间的系统连接与数据信息共享，实现高透明、低成本的交易与信息交互。

后 记

《中国资产托管行业发展报告》是中国银行业协会托管业务专业委员会组织编写的，面向全社会集中发布中国资产托管行业的现状、创新与发展的一份权威报告。今年的报告着重突出了我国经济步入“新常态”发展时期，在“稳增长、调结构、促改革、惠民生”的宏观政策环境下，资产托管行业面临的新机遇。报告从经济新常态下资产托管行业发展分析出发，总结了2014年资产托管行业的发展状况以及托管行业的新变化、新常态，为中国资产托管行业在经济新时期的长远发展指明了方向。

《中国资产托管行业发展报告（2014）》在中国银行业协会托管业务专业委员会所有成员单位的共同努力下，加班加点、保质保量，历经五个月时间顺利完成，凝聚了中国商业银行资产托管行业的集体智慧。2014年度的行业发展报告由中国工商银行牵头，中国农业银行、中国银行、中国建行银行、交通银行、中信银行、招商银行、中国光大银行、中国民生银行、上海浦东发展银行、兴业银行共同组成行业发展报告课题组参与编撰。

在报告编写过程中，各成员单位资产托管部门领导高度重视，各成员单位都毫无保留地提供了宝贵素材。本次报告编写，得到课题组组长单位中国工商银行的高度重视，资产托管部肖婉如副总经理亲自挂帅，抽调四名处级业务骨干专门成立了行业报告编写团队，各课题组成员单位大力地支持与配合，委派业务骨干参与了报告的编写工作。其中，第一章由中国工商银行撰写；第二章由中国农业银行撰写；第三章由交通银行和中信银行撰写；第四章由中国建设银行、中国光大银行和上海浦东发展银行撰写；第五章由中国银行业托管业务专业委员会各成员单位各自撰写；第六章由中国银行、招商银行、兴业银行和中国民生银行撰写。本报告在很短的时间内进行了两次集中讨论、三次编写和修订，编写后期，在中国银行业协会业务协调二部副主任郑筱川的带领下，中国工商银行郭明、洪渊、常悦、范安妮，中国农业银行孟杨，中信银行王丽双等同志对行业报告进行了封闭统稿和最终修订，代表全体行业发展报告课题组成员，向关心资产托管行业发展的社会公众递交了一份满意的答卷。全书由洪渊、范安妮总纂，关志明、张舜莉等同志也对报告进行了部分修订工作。在此，向托管委员会各成员单位及课题组成员表示诚挚的感谢！

由于编者水平有限，不当之处在所难免，敬请读者批评指正。

《中国资产托管行业发展报告（2014）》课题组